KB231061

기초물류중국어 Ⅱ

이준서 · 윤유정 공저

제이앤씨
Publishing Company

'G2시대'로 대표되는 중국의 대두 그리고 중국의 급속한 경제성장은 향후 글로벌 경제성장 동력의 해법을 중국에서 찾아야한다고 해도 과언이 아닐 것입니다. 특히 미국의 경제침체와 브렉시트(Brexit)로 상징되는 유럽 경제권의 쇠퇴를 목도해야 하는 작금의 현실에서 13억이라는 어마어마한 인구가 뒷받침하고 있는 중국은 과거 '세계의 공장'이라는 풍부한 노동시장의 역할에서 탈바꿈하여 이제는 명실상부 거대 소비시장으로 자리매김하기 시작하였습니다. 또한, 유커(游客)로 대표되는 중국인 관광객의 대이동은 중국과 지리적으로 밀접한 관계에 있는 우리들이 중국의 궐기를 피부로 실감할 수 있는 수준이 되었습니다.

본 기초물류중국어는 한 나라의 경제성장과 밀접한 상관관계를 이루는 '물류'의 개념을 단순한 물적 이동(physical flow)의 의미로써가 아니라, 인적교류, 정보 및 콘텐츠의 흐름을 포괄한 것으로 해석하여, 중국경제의 지속적인 성장세를 뒷받침하고 있는 중국물류에 대한 기초적인 지식을 중국어와 함께 학습하고, 더 나아가 중국 전반에 대한 이해를 도모할 수 있는 교재입니다.

본 교재는 전 2권으로 1권은 2주 분량의 발음연습과 본문 10과, 2권은 본문 12과로 구성되어 있는데, 이는 대학에서의 통상적 수업구성인 15주중, 오리엔테이션, 중간고사, 기말고사를 제외한 12주에서 한 주당 각 한 과씩을 목표로, 한 학기 동안 한 권의 책을 완전히 끝내는 성취감을 느낄 수 있도록 의도하였습니다.

본 교재를 통하여 중국어 학습을 중심으로 포괄적인 개념의 물류지식과 함께, 중국물류에 대한 기초적인 이해를 할 수 있는 계기가 형성되기를 바랍니다.

저자 일동

차 례

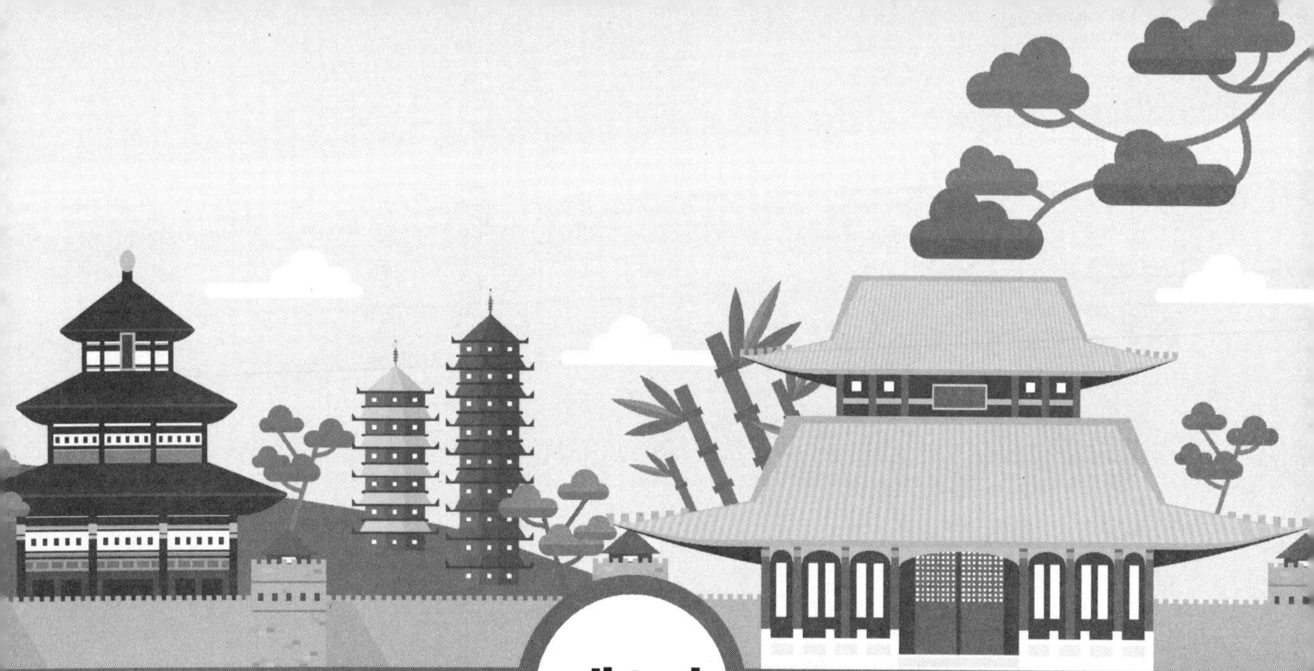

제1과

点菜

음식 주문하기

물류 노트 로지스틱스(Logistics)의 역할

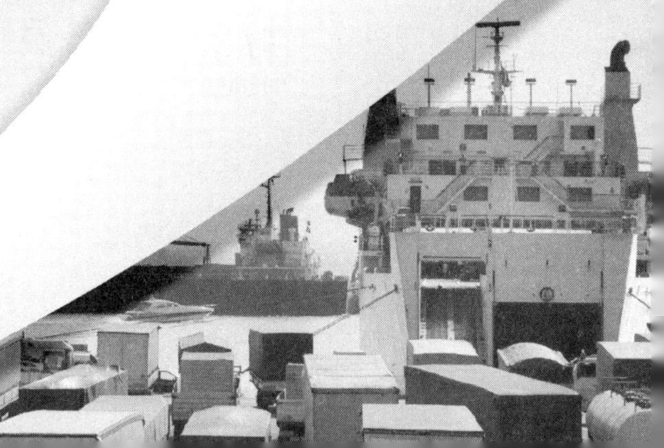

点菜

종업원 : **欢迎光临，您几位?**
Huānyíng guānglín, nín jǐ wèi?

김과장 : **两位。**
Liǎng wèi

종업원 : **这边请。请坐这儿吧! 给您菜单。**
Zhèbiān qǐng. Qǐng zuò zhèr ba! Gěi nín càidān.

김과장 : **谢谢!**
Xièxie!

* * * * * * * * * *

김과장 : **您想吃什么?**
Nín xiǎng chī shénme?

왕사장 : **我不知道韩国菜。你随便点吧!**
Wǒ bù zhīdào Hánguó cài. Nǐ suíbiàn diǎn ba!

김과장 : **好的。服务员，点菜!**
Hǎode. Fúwùyuán, diǎn cài!

종업원 : **您要什么?**
Nín yào shénme?

김과장 : **来两份烤肉和两碗拌饭。**
Lái liǎng fèn kǎoròu hé liǎng wǎn bànfàn.

종업원 : **还要别的吗?**
Hái yào biéde ma?

김과장 : **没有，请快一点儿。**
Méiyǒu, qǐng kuài yìdiǎnr.

종업원 : **好的，请稍等。**
Hǎode, qǐng shāo děng

본문 해석

종업원 : 어서오세요, 몇 분이세요?
김과장 : 2명입니다.
종업원 : 이쪽으로 오십시오. 여기 앉으십시오. 메뉴판 드리겠습니다.
김과장 : 고맙습니다.

* * * * * * * * * *

김과장 : 무엇을 드시겠습니까?
왕사장 : 저는 한국음식을 잘 모릅니다. 당신이 마음대로 주문하세요.
김과장 : 알겠습니다. 종업원, 주문할게요!
종업원 : 무엇을 드시겠습니까?
김과장 : 불고기 2인분과 비빔밥 두 그릇 주세요.
종업원 : 다른 것 더 원하세요?
김과장 : 없습니다, 좀 빨리 부탁합니다.
종업원 : 알겠습니다. 잠시만 기다리세요.

새로운 단어

欢迎光临		huānyíng guānglín	어서 오세요.
位	양	wèi	분. 명(공경의 뜻을 내포함)
这边	대명	zhèbiān	이곳. 여기. 이쪽
吧	어기	ba	문장 끝에 쓰여 청유, 명령, 제안 등의 어기를 나타냄
给	동	gěi	주다
菜单	명	càidān	메뉴. 식단. 차림표
随便	부	suíbiàn	마음대로. 좋을 대로. 자유로이. 제멋대로
点	동	diǎn	주문하다. 지정하다.
服务员	명	fúwùyuán	종업원. 웨이터. 접대원
菜	명	cài	채소. 반찬. 요리
来	동	lái	어떤 동작을 하다.(의미가 구체적인 동사를 대체함)
份	양	fèn	벌. 세트.(배합되어 한 벌이 되는 것을 세는 단위)
烤	동	kǎo	(불에) 굽다.
肉	명	ròu	(동물의) 고기. (사람의) 살. 근육
和	접속	hé	~와/과
碗	명 양	wǎn	그릇. 공기. 사발
拌饭	명	bànfàn	비빔밥
要	동	yào	바라다. 원하다. 필요하다.
别	대명	bié	그 밖에. 따로. 달리
快	형	kuài	빠르다. 민첩하다.
稍	부	shāo	약간. 조금. 좀. 잠깐. 잠시
等	동	děng	기다리다.

1 이중목적어 구문 : 일부 동사는 두 개의 목적어를 수반할 수 있는데, 하나는 사람을 가리키는 것으로 간접목적어라고 하고, 다른 하나는 사물을 가리키는 것으로 직접목적어라고 한다. 일반적으로 간접목적어가 직접목적어 앞에 놓인다.

S + V + 간접O + 직접O

① 给您菜单
Gěi nín càidān

② 张老师教我们汉语。
Zhāng lǎoshī jiāo wǒmen Hànyǔ.

③ 他告诉我一个好消息。
Tā gàosu wǒ yí ge hǎo xiāoxi.

④ 我问老师一个问题。
Wǒ wèn lǎoshī yí ge wèntí.

새로운 단어		
□ 给 gěi 주다		□ 教 jiāo 가르치다
□ 问 wèn 묻다		□ 告诉 gàosu 알려주다
□ 消息 xiāoxi 소식		□ 问题 wèntí 문제, 질문

2 대동사 '来' : 의미가 구체적인 동사를 대신하여 '어떤 동작을 하다'는 의미를 나타낸다.

① 你拿那个，这个我自己来。
Nǐ ná nàge, zhè ge wǒ zìjǐ lái.

(= 自己拿) (= zìjǐ ná)

② 唱得太好了，再来一首。
Chàng de tài hǎole, zài lái yì shǒu.

(再唱一首 zài chàng yì shǒu)

□ 拿　ná　가지다, 쥐다, 잡다　　　□ 自己　zìjǐ　스스로
□ 唱　chàng　노래 부르다　　　　　□ 首　shǒu　곡(노래 세는 양사)

3 동사 ‘要’ : ‘要’가 동사로 쓰일 경우 뒤에 명사를 목적어로 취하며 ‘얻기를 바라다’ 혹은 ‘구하다’는 의미를 나타낸다.

① 他要这本词典。
Tā yào zhè běn cídiǎn.

부정형식은 동사 ‘要’ 앞에 부정부사 ‘不’를 붙인다.

② 我不要那本书。
Wǒ bú yào nà běn shū.

조동사 ‘要’는 다른 동사 앞에 쓰여 어떤 일을 하고자 하는 의지나 바람을 나타낸다. 조동사 ‘要’의 부정형식은 ‘不想’이다.

③ Q: 你要看那部电影吗?
Nǐ yào kàn nà bù diànyǐng ma?

A: (긍정) 我要看。
Wǒ yào kàn.

(부정) 我不想看。
Wǒ bù xiǎng kàn.

□ 本　běn　권(서적류 세는 양사)　　□ 词典　cídiǎn　사전
□ 部　bù　편(영화 세는 양사)　　　　□ 电影　diànyǐng　영화

1. 다음 그림을 보고 문장을 완성하시오.

(1)

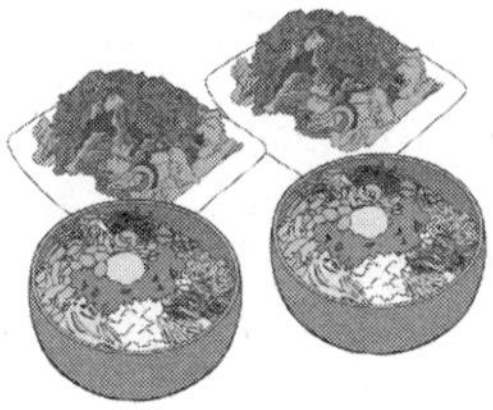

Q : 您要什么?

A : _______________________________________

(2)

Q : 您要什么?

A : _______________________________________

(3)

Q : 您要喝什么?

A : _______________________________________

(4)

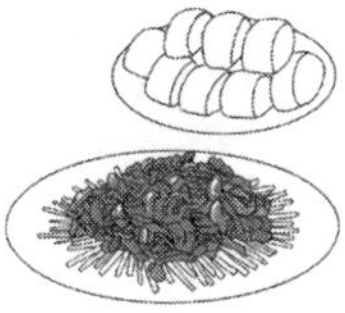

Q : 您要什么?

A : _______________________________________

2. 다음 문장 속에 쓰인 '要'의 품사(동사/조동사)를 쓰고 부정형식으로 변환하시오.

(1) 我**要**这本词典。　➡ (　　　　) / _______________________________

(2) 我**要**买这本词典。　➡ (　　　　) / _______________________________

(3) 我**要**看那部电影。 ➡ (　　　) / ________________________

(4) 我**要**两张机票。 ➡ (　　　) / ________________________

3. '请'을 이용하여 다음 문장을 중국어로 완성하시오.

(1) 이쪽으로 오십시오. ➡ ________________________

(2) 잠시만 기다리십시오. ➡ ________________________

(3) 좀 빨리 부탁드립니다. ➡ ________________________

(4) 여기에 앉으십시오. ➡ ________________________

4. 주어진 어휘를 이용하여 한국어를 중국어로 옮기시오.

(1) 내가 너에게 돈을 준다. (给/你/我/钱)

➡ ________________________

(2) 학생이 선생님께 질문 하나를 한다. (问/老师/学生/个/一/问题)

➡ ________________________

(3) 선생님이 우리에게 중국어를 가르친다. (教/汉语/老师/我们)

➡ ________________________

(4) 그가 나에게 소식을 알려준다. (告诉/个/我/一/他/消息)

➡ ________________________

로지스틱스(Logistics)의 역할

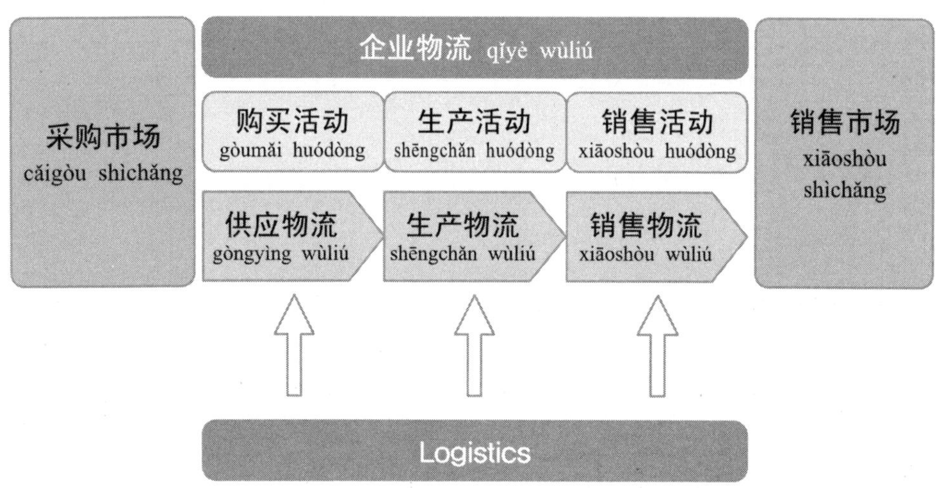

|그림| 물류 영역구분

일반적으로 기업의 물류활동은 조달시장에서 원재료를 수배하여 생산 현장에 제공하는 '조달물류', 공장 내에서 생산활동에 관여하는 '제조물류' 그리고 완성된 제품을 유통하여 판매하는 '판매물류'로 나눌 수 있습니다. 로지스틱스는 이러한 물류의 각 역할을 총괄하여 '조달 → 제조 → 판매'로 이어지는 물건의 흐름을 종합적으로 관리하는 것입니다.

구체적으로 판매물류에서는 판매시장의 판매활동을 정확하게 파악하여 그 정보가 제조 및 부품 조달에 신속하게 피드백되어야 결과적으로 시장에서 팔리는 상품을 적확하게 생산해낼 수 있는 것입니다. 또한, 실제 판매되는 제품뿐만이 아니라 원재료 및 부품의 조달 단계에서도 재고를 적극적으로 삭감할 수 있어야 효율적인 경영을 전개할 수 있는 것입니다.

과거 '세계의 공장'에서 '세계의 시장'으로도 크게 성장한 중국은 최근 거대 소비 시장을 배경으로 판매물류에 특화된 '알리바바', 'JD.com' 등 이커머스(eCommerce) 기업들이 독자적인 판매망을 구축하여 막대한 판매고를 기록하기도 합니다.

MEMO

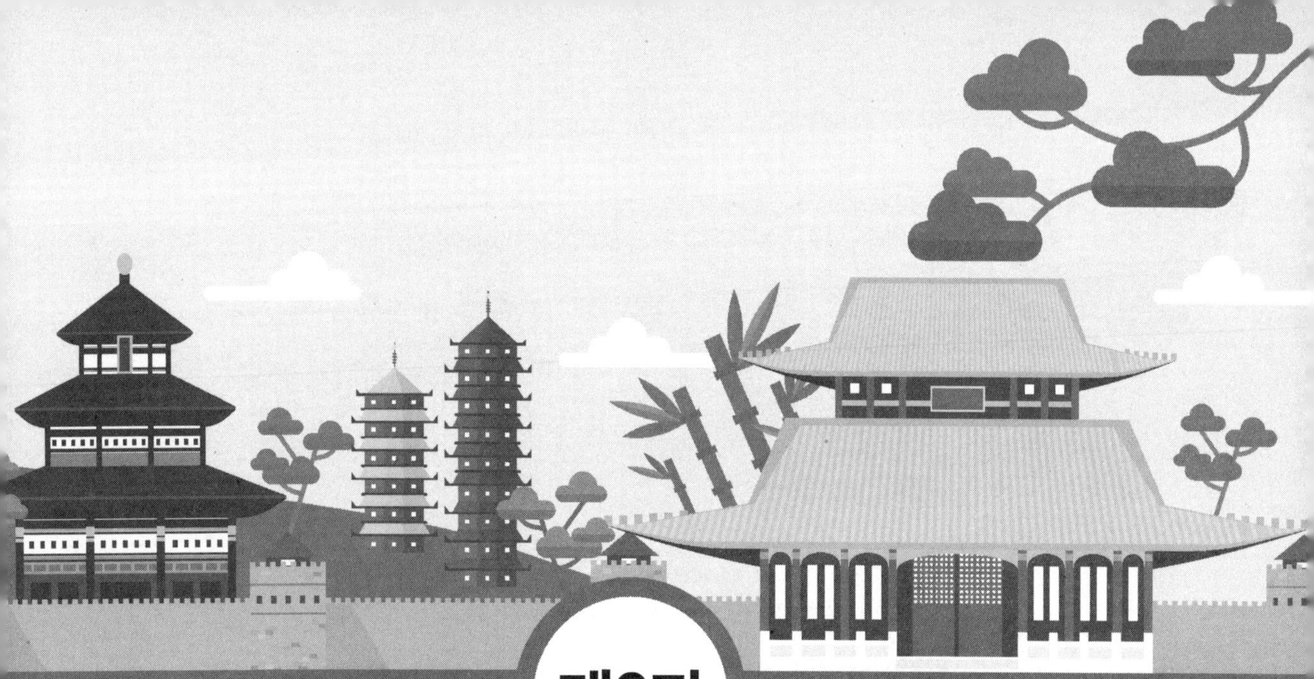

제2과

多少钱?

얼마입니까?

물류 노트 알리페이(AliPay, 支付宝)

多少钱？

왕사장 : **请问，这个钱包多少钱？**
Qǐngwèn, zhè ge qiánbāo duōshao qián?

점 원 : **两千块钱。**
Liǎngqiān kuài qián.

왕사장 : **太贵了。**
Tài guì le.

점 원 : (다른 지갑을 보이며) **那这个钱包怎么样？**
Nà zhège qiánbāo zěnmeyàng?

又便宜又好看。
Yòu piányi yòu hǎokàn.

왕사장 : **这个钱包多少钱？**
Zhège qiánbāo duōshao qián?

점 원 : **一千三百五十块钱。**
Yìqiānsānbǎiwǔshí kuài qián.

왕사장 : **那我要这个钱包。给你一千四。**
Nà wǒ yào zhège qiánbāo.　Gěi nǐ yìqiānsì.

점 원 : **好的，找您五十块。谢谢您。**
Hǎode,　zhǎo nín wǔshí kuài. Xièxie nín.

본문 해석

왕사장 :　실례합니다. 이 지갑은 얼마입니까?
점 원 :　2,000위안입니다.
왕사장 :　너무 비싸네요.
점 원 :　다른 지갑을 보이며
　　　　 그럼 이 지갑은 어떠십니까? 싸고 예쁩니다.
왕사장 :　이건 얼마입니까?
점 원 :　1,350위안입니다.
왕사장 :　그럼 이 지갑으로 주세요. 여기 1400원 드릴게요.
점 원 :　알겠습니다, 50원 거슬러 드리겠습니다. 감사합니다.

钱包	명	qiánbāo	지갑
多少	의문	duōshao	얼마. 몇.(일정하지 않은 수량을 나타냄)
钱	명	qián	돈
千	수사	qiān	1,000. 천
块	양	kuài	(중국의 화폐 단위) 元에 해당함.
太	부	tài	너무. 매우
贵	형	guì	비싸다. 귀하다.
那	접속	nà	그러면. 그렇다면
便宜	형	piányi	싸다. 저렴하다.
好看	형	hǎokàn	아름답다. 근사하다. 보기 좋다.
怎么样	대명	zěnmeyàng	어떻다. 어떠하다.
又……又……		yòu…… yòu……	~이기도 하고 ~이기도 하다.
找	동	zhǎo	(거스름돈을) 거슬러 주다.

1 중국 화폐 : 중국의 화폐는 런민비(人民币)라고 하며, 화폐를 나타내는 기호는 '¥' 이다. 중국어에서 화폐단위는 글말에서의 단위와 입말에서의 단위가 서로 다르다.

	¥13.	3	5	
글말	元 yuán	角 jiǎo	分 fēn	十三元三角五分 shísān yuán sān jiǎo wǔ fēn
입말	块 kuài	毛 máo	分 fēn	十三块三毛五分 shísān kuài sān máo wǔ fēn

1元(块) ＝ 10角(毛)

yì yuán (kuài) ＝ shí jiǎo (máo)

1角(毛) ＝ 10分

yì jiǎo (máo) ＝ shí fēn

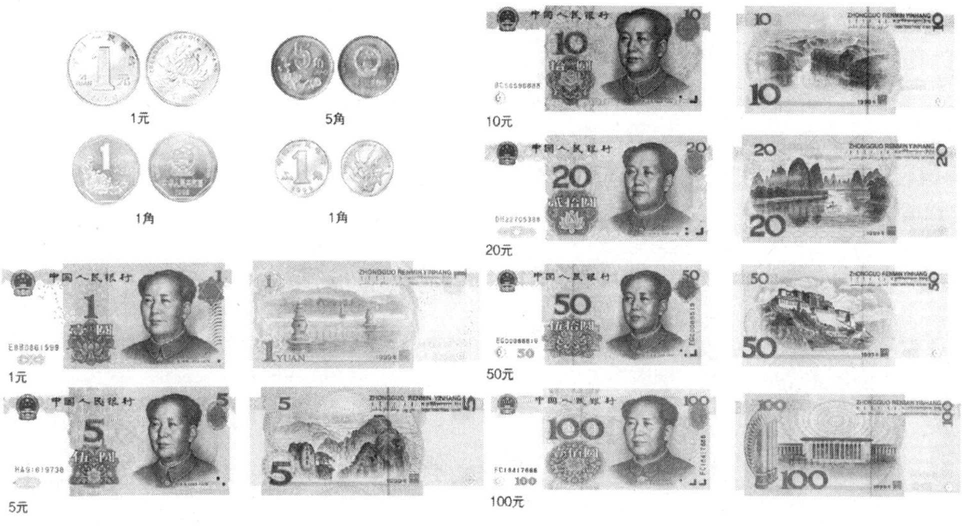

하나의 화폐 단위로 표현되는 금액은 '수사+단위' 뒤에 일반적으로 '钱'을
붙인다.

① ￥2.00 **两块钱** liǎng kuài qián

  ￥0.20 **两毛钱** liǎng máo qián

단위가 둘 이상인 경우에는 마지막 단위의 명칭을 생략할 수 있다.

② ￥12.20 **十二块两毛钱** shí'èr kuài liǎng máo qián

③ ￥20.82 **二十块八毛二** èrshí kuài bā máo èr

금액의 중간에 '2'가 출현하면 '两' 혹은 '二'로 읽을 수 있다. 그러나 금액의
맨 마지막에 '2'가 출현하면 '二'로 읽는다.

④ ￥ 22.22 **二十二块两(二)毛二** èrshí'èr kuài liǎng(èr) máo èr

백 단위에 '2'가 출현하면 '二' 혹은 '两'으로 읽을 수 있다. 그러나 천 이상
의 단위에 '2'가 출현하면 반드시 '两'으로 읽는다.

⑤ ￥ 222.22 **二(两)百二十二块两(二)毛二**
                 èr(liǎng) bǎi èrshí'èr kuài liǎng(èr) máo èr

⑥ ￥ 2000.00 **两千块钱** liǎng qiān kuài qián

새로운 단어　□ **百** bǎi 백　　　　　　　□ **千** qiān 천

백 단위 이상의 숫자에서 중간에 '0'이 있을 경우 '0'의 개수에 상관없이
'零'(líng)을 한번만 써서 표현한다.

⑦ ￥ 102.00　　一百零二块钱 yìbǎi líng èr kuài qián

⑧ ￥ 1002.00　　一千零二块钱 yìqiān líng èr kuài qián

⑨ ￥ 1020.00　　一千零二十块钱 yìqiān líng èrshí kuài qián

⑩ ￥ 1200.00　　一千二(两)百块钱 yìqiān èr(liǎng) bǎi kuài qián

⑪ ￥ 22020.22　　两万两千零二十块二(两)毛二
　　　　　　　　liǎng wàn liǎng qiān líng èrshí kuài èr(liǎng) máo èr

⑫ ￥ 30018.68　　三万零一十八块六毛八(分)
　　　　　　　　sān wàn líng yìshíbā kuài liù máo bā (fēn)

3 太……了 : '太'는 정도가 지나치고 주관적인 평가 색채를 띠며 불만족스러운
일에 많이 쓰인다. 또한 감탄문에 쓰여 정도가 심함을 나타내기도 한다. 문장의
끝에 '了'가 온다.

太 + 형용사 + 了

① 太热了。
Tài rè le.

② 哎呀! 太危险了!
Āiyā! Tài wēixiǎn le!

새로운 단어 　□ **热** rè 덥다, 뜨겁다　　　　□ **危险** wēixiǎn 위험하다

1. 다음 그림을 보고 아래 대화를 완성하시오.

(1)

Q : 这本书___________________

A : ___________________

(2)

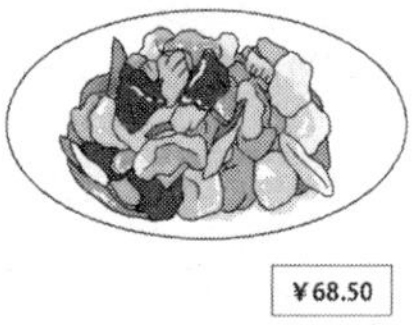

Q : 这道菜___________________

A : ___________________

(3)

Q : 这件衣服___________________

A : ___________________

(4)

Q : 苹果___________________

A : ___________________

(5)

Q : 这双运动鞋___________________

A : ___________________

(6)

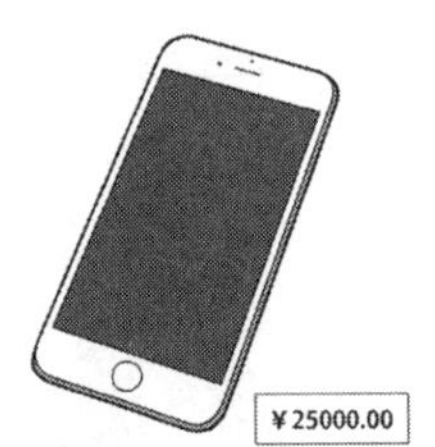

Q：这个手机________________________

A：________________________________

(7)

Q：这支钢笔________________________

A：________________________________

(8)

Q：可乐____________________________

A：________________________________

2. 다음 그림을 보고 대화를 완성하시오.

(1)　A：一瓶矿泉水______？

　　　B：一块五毛。

　　　A：我要三瓶，________？

　　　B：一共四块五毛。

　　　A：给你五块钱。

　　　B：找您五毛。

(2) A : 三明治______?

B : 十二块钱一个。

A : 我要两个，________？

B : 一共二十四块。

A : 给你二十五块。

B : 找您一块。

(3) A : 一听雪碧______?

B : 三块五一听。

A : 我要五听，________？

B : 一共十七块五毛。

A : 给你二十块钱。

B : 找您两块五毛。

(4) A : 一只手表______?

B : 两千六百九十九块钱一只。

A : 我要两只，________？

B : 一共五千三百九十八块。

A : 给你五千四。

B : 找您两块。

알리페이(AliPay, 支付宝)

핀테크(FinTech)란 금융(finance)과 기술(technology)의 합성어로 IT 기술이 금융분야에 적용된 서비스 또는 이러한 서비스를 제공하는 회사를 말합니다. 최근 중국에서는 이러한 핀테크 서비스가 금융산업 전반을 뒤흔들고 있습니다.

중국은 기존 전통적인 개념의 금융 인프라가 경제규모에 비해 상대적으로 크게 낙후되어 있습니다.

|표| 은행 인프라 및 신용카드 보급 현황

	중국	영국	미국
ATM 수(인구 10만명당)	37.51	124.28	173.43
은행 지점수(인구 10만명당)	7.7	24.2	35.2
신용카드수(1인당)	0.33	0.88	2.97

원자료 BIS, Fintech HK, 한국은행 국제경제리뷰(2016) 인용

그러나 중국 정부는 최근 급속한 인터넷 및 모바일 기기 보급률에 착안하여 신용카드나 체크카드 등의 기존 '플라스틱 머니'(plastic money)를 대체하여 핀테크 기술 및 서비스를 정책적으로 보급하려 하고 있습니다.

이렇게 급변하는 중국 핀테크 시장을 장악하기 위하여 발 빠르게 움직인 것이 바로 알리바바입니다. 알리바바의 알리페이(支付宝)는 이제 중국을 뛰어넘어 해외로 진출하여 중국 내 회원 4억 명 외에 240여 개 국가에서 5,400만 명의 회원을 보유하였고(2016, 한국은행 국제경제리뷰), 이제는 우리나라에서도 쉽게 찾아볼 수 있을 대표적인 핀테크 서비스가 되었습니다.

|그림| 우리나라 명동

MEMO

제3과

在火车站

기차역에서

 중국의 고속철도

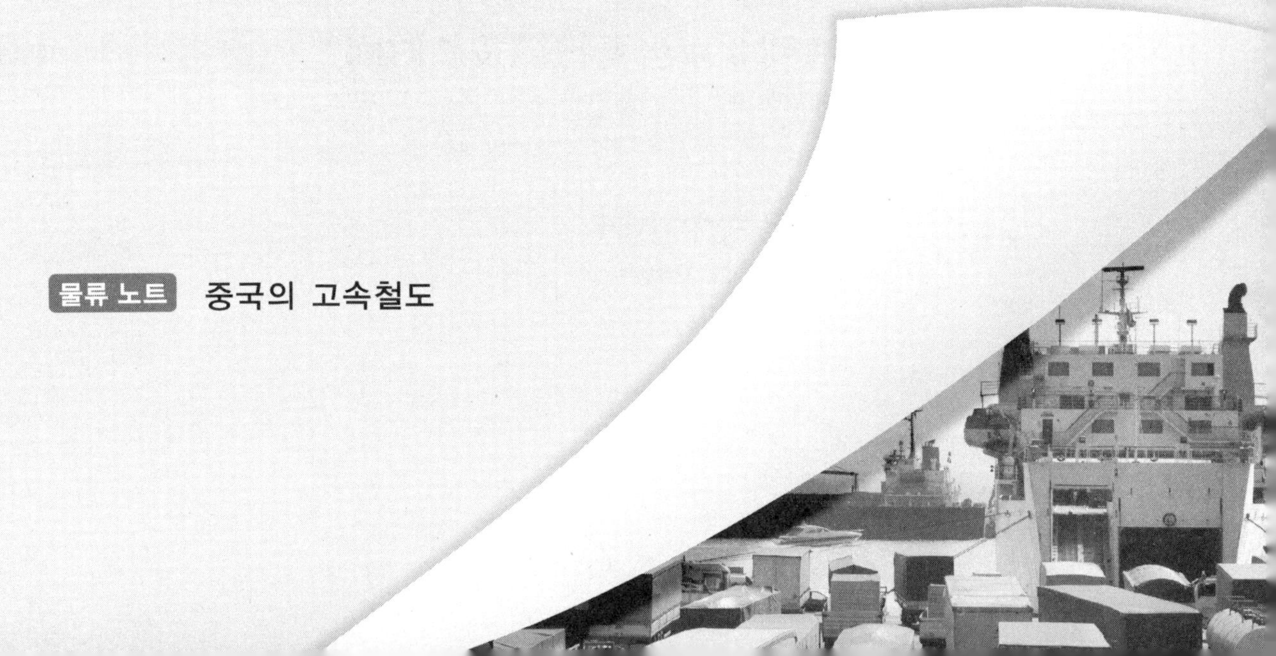

在火车站

왕사장 : **金科长，欢迎你来北京！**
Jīn kēzhǎng, huānyíng nǐ lái Běijīng!

你坐快车来还是坐慢车来？
Nǐ zuò kuàichē lái háishì zuò mànchē lái?

김과장 : **我坐高铁来北京。**
Wǒ zuò gāotiě lái Běijīng.

高铁又快又舒服。
Gāotiě yòu kuài yòu shūfu.

왕사장 : **从上海到北京坐高铁得多长时间？**
Cóng Shànghǎi dào Běijīng zuò gāotiě děi duōcháng shíjiān?

김과장 : **大概得五六个小时。**
Dàgài děi wǔliù ge xiǎoshí.

본문 해석

왕사장 : 김과장, 베이징에 온 것을 환영합니다.
고속철도를 타고 왔습니까 아니면 완행열차를 타고 왔습니까?
김과장 : 저는 고속철도를 타고 베이징에 왔습니다.
고속철도는 빠르고 쾌적했습니다.
왕사장 : 상하이에서 베이징까지 고속철도를 타면 몇 시간이 걸립니까?
김과장 : 대략 5-6시간이 걸립니다.

欢迎	동	huānyíng	환영하다. 기쁘게 맞이하다.
坐	동	zuò	(교통수단을) 타다. 앉다
快车		kuàichē	급행열차
慢车		mànchē	완행열차
高铁		gāotiě	고속열차
还是	접속	háishi	아니면(선택의문문을 구성하는 접속사)
舒服	형	shūfu	편안하다. 쾌적하다. 가뿐하다. 안락하다.
从……到……	전치	cóng……dào……	~ 부터 ~ 까지
得	동	děi	필요하다. 걸리다.
多长时间		duōcháng shíjiān	몇 시간
大概	부	dàgài	아마도. 대개. 대략
小时	명	xiǎoshí	시간(시간 단위)

1 선택의문문 '还是'(háishì): 선택의문문이란 질문자가 두 개 이상의 선택항을 제시하여 청자가 한 가지 답을 선택하도록 질문하는 것을 말한다. 일반적으로 "(是)……还是……" 격식으로 나타낸다. 문미에 어기조사 '呢'(ne)를 쓸 수는 있으나 '吗'를 써서는 안 된다.

① 你坐快车来还是坐慢车来?
　 Nǐ zuò kuàichē lái háishì zuò mànchē lái?

② 你是韩国人还是中国人?
　 Nǐ shì Hánguó rén háishì Zhōngguó rén?

③ 你(是)同意还是不同意?
　 Nǐ (shì) tóngyì háishì bù tóngyì?

④ 你去还是他去?
　 Nǐ qù háishì tā qù?

새로운 단어　□ 同意 tóngyì 동의하다

2 연동문 : 하나의 주어에 대해 둘 혹은 둘 이상의 동사나 동사구가 연이어져 사용된 문장을 '연동문'이라고 한다. 기본 격식은 다음과 같다.

S + V1 + V2 + ……

① 我坐高铁来北京。
　 Wǒ zuò gāotiě lái Běijīng.

② 我去超市买水果。
Wǒ qù chāoshì mǎi shuǐguǒ.

③ 他去图书馆看书。
Tā qù túshūguǎn kàn shū.

④ 我们一起去学生食堂吃饭吧。
Wǒmen yìqǐ qù xuéshēng shítáng chī fàn ba.

□ 超市　chāoshì　슈퍼마켓　　□ 买　mǎi　사다
□ 水果　shuǐguǒ　과일　　□ 图书馆　túshūguǎn　도서관
□ 一起　yìqǐ　함께, 같이　　□ 食堂　shítáng　식당

3 시간 표현 : 시간은 시점(時點 shídiǎn)과 시량(時段 shíduàn)으로 구분할 수 있다.

(1) 시점 표현 : 일반적으로 '几点'(jǐ diǎn), '什么时候'(shénme shíhou) 등의 형식으로 질문하고 이에 대한 대답 표현을 말한다. 일반적으로 술어 앞에 출현한다.

① A : 现在几点?
Xiànzài jǐ diǎn?

B : 现在两点。
Xiànzài liǎng diǎn.

② A : 现在什么时候了?
Xiànzài shénme shíhou le?

B : 已经半夜了。
Yǐjīng bànyè le.

□ 半夜　bànyè　심야, 한밤중　　□ 已经　yǐjīng　이미

(2) 시량 표현 : 일반적으로 '多长时间'(duōcháng shíjiān), '多少时间'(duōshǎo shíjiān) 등의 형식으로 질문하고 이에 대한 대답 표현을 말한다. 일반적으로 술어 뒤에 출현한다.

  ① A : 你来学校需要多长时间?
       Nǐ lái xuéxiào xūyào duōcháng shíjiān?

     B : 一个小时。
       Yí ge xiǎoshí.

  ② A : 你学汉语学多少时间了?
       Nǐ xué Hànyǔ xué duōshao shíjiān le?

     B : 半年了。
       Bàn nián le.

연습문제

1. ‘还是’를 이용하여 다음 그림을 의문문으로 작성하고 대답하시오.

(1)

Q : _______________________________

A : 我是韩国人。

(2)

Q : _______________________________

A : 我去。

(3)

Q : _______________________________

A : 我喝咖啡。

(4)

Q : _______________________________

A : 我同意。

2. 다음 예시와 같이 두 개 동사구를 연결하여 연동문을 작성하시오.

예시　我坐高铁。 ＋ 我来北京。 ➡ 我坐高铁来北京。

(1) 我去超市。 ＋ 我买水果。　　　➡ _______________________

(2) 他去图书馆。 ＋ 他看书。　　　➡ _______________________

(3) 我们一起去学生食堂吧。＋ 我们一起吃饭吧。

   ➡ ______________________________________

(4) 她坐飞机。＋ 她去濟州岛。   ➡ ______________________________

3. 다음 그림을 보고 괄호 안에 들어갈 대화문을 완성하시오.

(1)

Q : 现在几点?

A : ______________________________________

(2)

Q : 现在什么时候了?

A : ______________________________________

(3)

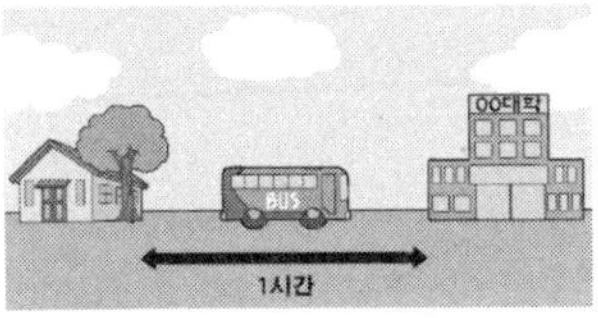

Q : 你来学校需要多长时间?

A : ______________________________________

(4)

Q : 你学汉语学多少时间了?

A : ______________________________________

4. 다음 주어진 어휘를 이용하여 한국어를 중국어로 옮기시오.

(1) 너는 고속열차를 타고 왔니 아니면 완행열차를 타고 왔니?

(你 / 坐 / 坐 / 来 / 来 / 还是 / 快车 / 慢车)

➡ ____

(2) 고속열차는 빠르고 편안하다.

(高铁 / 又……又 / 快 / 舒服)

➡ ____

(3) 상하이에서 베이징까지 고속열차를 타고 몇 시간 걸리니?

(上海 / 北京 / 从……到 / 得 / 坐 / 多长时间 / 高铁)

➡ ____

중국의 고속철도

|그림| 중국의 고속철도 주요역(四纵四横)

　　중국내륙의 거대 교통망 정비사업인 5종 7횡(도로망)과 더불어 4종 4횡의 고속 철도망 사업은 2020년 2만km에 달하여 전국의 주요 도시가 모두 '1일 생활권'이 될 예정입니다. 또한, 서쪽으로 이를 지속적으로 연장할 계획인데, 이렇게 되면 서쪽으로는 중앙아시아를, 북쪽으로는 시베리아를 횡단하여 유럽에 이르게 됩니다. 이는 '21세기 신 실크로드 건설 계획'인 '일대일로(一帶一路, one belt one road)'의 유라시아 횡단철도 계획과도 맞물려 있는데, 중국 내수시장의 성장과 함께 일대일로를 통한 주변국과의 관계가 더욱 더 심화되어, 향후 고속철도의 역할이 크게 증대할 것으로 예상됩니다.

MEMO

MEMO

제4과

在邮局

우체국에서

물류 노트 물류센터의 다기능

在邮局

직 원 : **下一位顾客！**
Xià yí wèi gùkè!

왕사장 : **我要把这个包裹寄到首尔。**
Wǒ yào bǎ zhège bāoguǒ jì dào Shǒu'ěr.

직 원 : **我称称您的包裹。**
Wǒ chēngcheng nín de bāoguǒ.

您要寄特快专递(EMS)还是寄普通快递？
Nín yào jì tèkuài zhuāndì(EMS) háishì jì pǔtōng kuàidì?

왕사장 : **我要寄特快专递。**
Wǒ yào jì tèkuài zhuāndì.

직 원 : **特快专递，10公斤，邮费500块钱。**
Tèkuài zhuāndì, shí gōngjīn, yóufèi wǔbǎi kuài qián.

왕사장 : **到首尔需要几天?**
Dào Shǒu'ěr xūyào jǐ tiān?

직 원 : **需要两三天，今天寄，可能会后天到达。**
Xūyào liǎngsān tiān, jīntiān jì, kěnéng huì hòutiān dàodá.

왕사장 : **好的，谢谢。**
Hǎode, xièxie.

본문 해석

직 원: 다음 손님.

왕사장 : 저는 이 소포를 서울까지 부치려고 합니다.

직 원: 네, 소포 무게를 좀 재겠습니다.
특급우편으로 보낼 겁니까 아니면 일반우편으로 보낼 겁니까?

왕사장 : 특급우편으로 보낼 겁니다.

직 원: 특급으로 부치고 10kg이면 우편료가 500위안입니다.

왕사장 : 서울까지 며칠정도 걸립니까?

직 원: 서울까지 2-3일 걸리므로, 오늘 부치면 모레 도착할 겁니다.

왕사장 : 알겠습니다. 감사합니다.

새로운 단어

下	명	xià	나중. 다음.
位	양	wèi	분. 명 (공경의 뜻을 내포함)
顾客	명	gùkè	고객. 손님
把	전치	bǎ	…으로. …을/를 가지고
包裹	명	bāoguǒ	소포. 보따리
寄	동	jì	(우편으로) 부치다. 보내다. 우송하다. 송달하다
首尔	고유	Shǒu'ěr	서울
称	동	chēng	(무게를) 측정하다. 재다. 달다
特快专递		tèkuàizhuāndì	특급우편
普通快递		pǔtōngkuàidì	일반우편
公斤		gōngjīn	킬로그램(kg)
邮费		yóufèi	우편료
需要	동	xūyào	필요하다. 요구되다
可能	부	kěnéng	아마도. 아마(…일지도 모른다). 어쩌면
会	조동	huì	…할 수 있다. …할 가능성이 있다.
后天	명	hòutiān	모레.
到达	동	dàodá	도착하다. 도달하다. 이르다

1 '把 bǎ'자문(1) : 전치사 '把'를 사용하여 목적어를 동사 앞으로 전치시킨 문장을 말한다. 동사 뒤에 전치사 '到 dào, 在 zài, 给 gěi' 등이 쓰인 전치사구가 올 경우, 기본 구조는 다음과 같다.

> 주어 + 조동사/부사 + 把 + O + 동사 + 전치사구(到/在/给)

① 我要把这个包裹寄到首尔。
   Wǒ yào bǎ zhège bāoguǒ jì dào Shǒu'ěr.

② 老师把书放在桌子上了。
   Lǎoshī bǎ shū fàng zài zhuō zishang le.

③ 你能把笔递给我吗?
   Nǐ néng bǎ bǐ dì gěi wǒ ma?

④ 他没把电子邮件发给老师。
   Tā méi bǎ diànzǐyóujiàn fā gěi lǎoshī.

새로운 단어

- □ 放 fàng 놓다, 두다
- □ 笔 bǐ (필기도구) 펜
- □ 电子邮件 diànzǐyóujiàn 이메일
- □ 桌子 zhuōzi 책상, 탁자
- □ 递 dì 전해주다, 건네다, 전송하다
- □ 发 fā 보내다, 건네주다, 발송하다

2 동사중첩 : 동사 중첩 형식은 다음과 같다.

(1) 일음절동사 : AA

等等 děngdeng   说说 shuōshuo

听听 tīngting   走走 zǒuzou

(2) 이음절동사 : ABAB

休息休息 xiūxixiūxi   **研究研究** yánjiuyánjiū

练习练习 liànxiliànxí   **学习学习** xuéxixuéxí

새로운 단어
  ☐ **等** děng 기다리다   ☐ **走** zǒu 가다, 걷다
  ☐ **休息** xiūxi 쉬다, 휴식하다 ☐ **研究** yánjiū 연구하다
  ☐ **练习** liànxí 연습하다 ☐ **学习** xuéxí 공부하다

동사중첩식은 '짧은 시간'을 나타내며 때때로 어떤 동작을 '시도하다'는 의
미를 나타낸다.

① 你听听就知道了。
  Nǐ tīngting jiù zhīdào le.

② 你帮我找找。
  Nǐ bāng wǒ zhǎozhao.

③ 妈妈, 您休息休息吧。
  Māma, nín xiūxixiūxi ba.

④ 这句话, 你给我说明说明!
  Zhè jù huà, nǐ gěi wǒ shuōmingshuōmíng!

새로운 단어
  ☐ **帮** bāng 돕다, 거들다   ☐ **找** zhǎo 찾다
  ☐ **说明** shuōmíng 설명하다

---

3 조동사 '可能'(kěnéng) : 조동사 '可能'은 어떤 때에는 '추측, 예측'을 나타내며
다른 조동사 앞에 쓰이기도 하고, 동사 앞에 쓰이기도 한다.

① 可能要下雪了。
  Kěnéng yào xià xuě le.

② 他可能知道这件事。
Tā kěnéng zhīdào zhè jiàn shì.

 □ 下雪 xiàxuě 눈이 내리다

1. 다음 예시와 같이 그림으로 주어진 상황을 '把'자문으로 완성하시오.

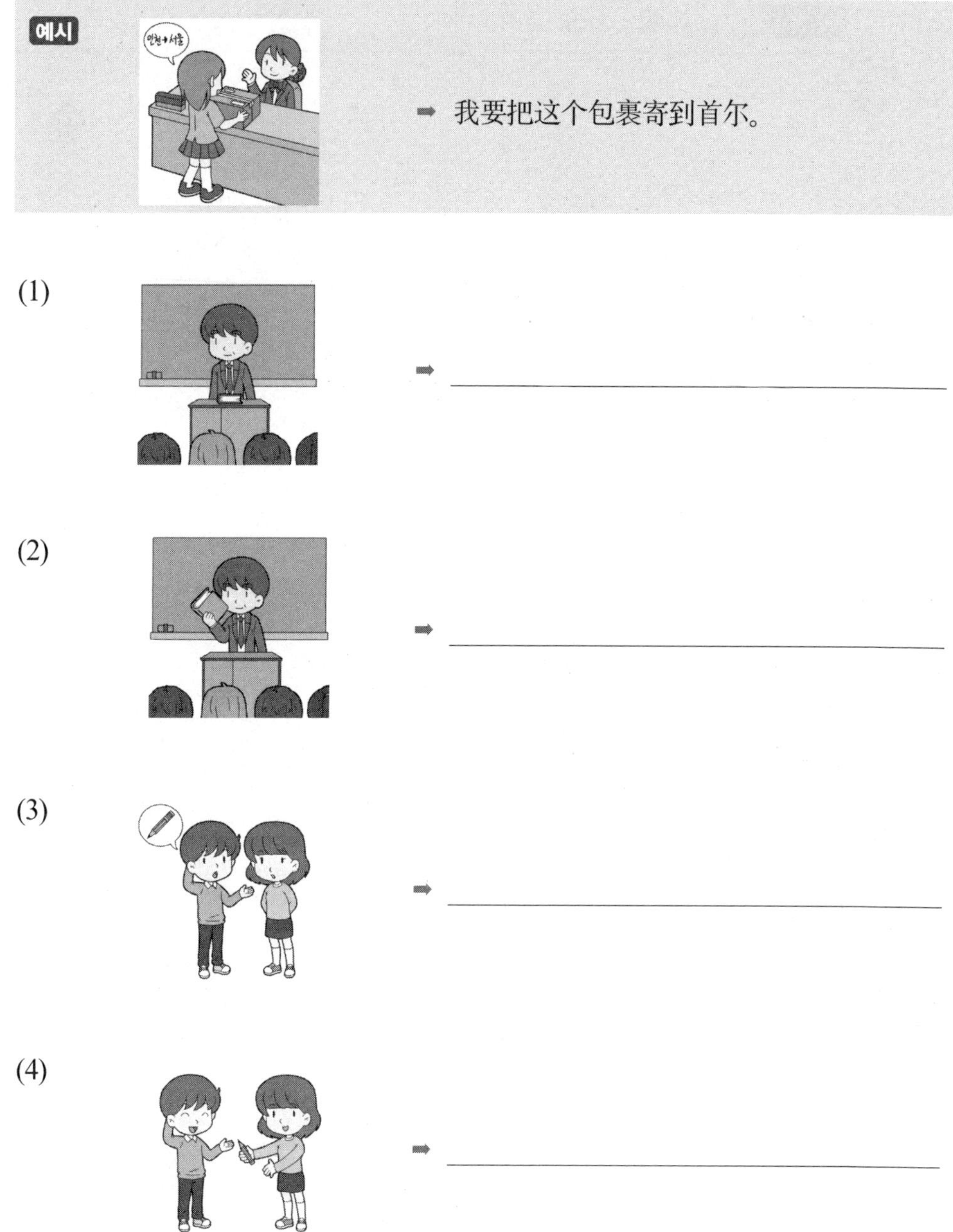

(1) ➡ ______________________________________

(2) ➡ ______________________________________

(3) ➡ ______________________________________

(4) ➡ ______________________________________

(5)

⇒ _______________________________

(6)

⇒ _______________________________

2. 주어진 어휘를 이용하여 다음 한국어를 중국어로 옮기시오.

(1) 특급우편으로 부칠 건가요 아니면 일반우편으로 부칠 건가요?

   (您 / 要 / 还是 / 寄 / 寄 / 特快专递 / 普通快递)

⇒ _______________________________

(2) 서울까지 며칠 걸리나요?

   (到 / 首尔 / 需要 / 几 / 天)

⇒ _______________________________

(3) 2-3일 걸립니다, 아마도 모레면 도착할 겁니다.

   (需要 / 可能 / 会 / 天 / 两 / 三 / 后天 / 到达)

⇒ _______________________________

물류센터의 다기능

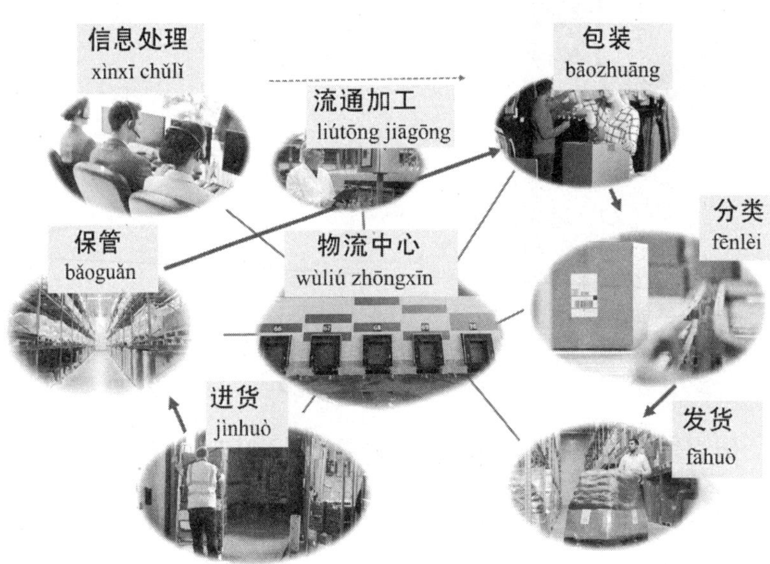

|그림| 물류센터의 다기능

물류센터는 물류·유통 시스템의 중핵시설이라고 할 수 있습니다.

소비자가 점포에서 상품을 구입하면 판매실적 데이터가 소매본부로 보고됩니다. 소매본부에서는 각 점포의 판매실적을 집계하여 도매업자에게 발송합니다. 도매업자는 물류센터에 각 점포로의 납품을 지시하면서 동시에 메이커에 발주하게 됩니다. 물류센터는 납품지시를 받은 상품을 가공·출고하여 각 점포에 발송·납품합니다. 또한, 각 메이커는 공장에 물류센터로의 납품을 지시하면서 동시에 생산을 지시합니다. 각 공장은 납품지시를 받은 상품을 물류센터에 납입하면서 동시에 생산을 개시합니다.

이러한 일련의 물류활동에 있어서 물류센터는 수요와 공급의 균형을 조절하면서 동시에 물류의 효율화를 도모하는 거점시설로 다음과 같은 다기능을 수행하는 곳이라고 할 수 있습니다.

1. 상품 보관에 의한 생산과 소비의 시간차(lead time) 조절 기능
2. 신속한 출하 및 납품 기능
3. 유통가공 기능
4. 입하처에서 출하처로의 상품 재편성 기능
5. 유배송의 효율화 기능
6. 물류정보센터 기능

제5과

交通工具

교통수단

交通工具

김과장 : **你每天怎么上班？**
Nǐ měitiān zěnme shàngbān?

왕사장 : **我打的上班，你呢？**
Wǒ dǎdī shàngbān, nǐ ne?

김과장 : **坐出租车太贵了，还有经常堵车。**
Zuò chūzūchē tài guì le, háiyǒu jīngcháng dǔ chē.

我坐公共汽车去公司。
Wǒ zuò gōnggòngqìchē qù gōngsī.

왕사장 : **坐公共汽车的人太多了，很麻烦。**
Zuò gōnggòngqìchē de rén tài duō le, hěn máfan.

김과장 : **公司离我家很近，有的时候我骑自行车去公司。**
Gōngsī lí wǒ jiā hěn jìn, yǒu de shíhou wǒ qí zìxíngchē qù gōngsī.

왕사장 : **不累吗？**
Bú lèi ma?

김과장 : **不累，又可以锻炼身体。**
Bú lèi,　yòu kěyǐ duànliàn shēntǐ.

본문 해석

김과장 : 당신은 매일 어떻게 출근합니까?

왕사장 : 나는 택시를 타고 출근합니다. 당신은요?

김과장 : 택시를 타면 너무 비싸고 또한 항상 차가 막힙니다.
저는 버스를 타고 회사에 갑니다.

왕사장 : 버스는 사람이 많아서 불편합니다.

김과장 : 회사가 집에서 가까워서 가끔 자전거를 타고 회사에 갑니다.

왕사장 : 피곤하지 않나요?

김과장 : 피곤하지 않고 또 체력을 단련할 수도 있습니다.

새로운 단어

每天	명	měitiān	매일
上班	동	shàngbān	출근하다
打的	동	dǎdī	택시를 타다(잡다)
出租车	명	chūzūchē	택시
太……了		tài……le	너무…하다
贵	형	guì	비싸다
经常	부	jīngcháng	늘. 항상. 자주. 종종
堵车	동	dǔchē	교통이 꽉 막히다. 교통이 체증되다
公共汽车	명	gōnggòngqìchē	버스
麻烦	형 동	máfan	귀찮다. 성가시다. 귀찮게 하다. 성가시게 하다
离	전치	lí	…에서. …로부터 (두 지점 사이의 거리를 나타냄)
近	형	jìn	가깝다
骑	동	qí	(동물이나 자전거 등에) 타다
自行车	명	zìxíngchē	자전거
累	형	lèi	지치다. 피곤하다
又	부	yòu	또한. 더하여. 또. 다시
可以	조동	kěyǐ	…할 수 있다. …해도 좋다 (가능이나 허가를 나타냄)
锻炼	동	duànliàn	(몸을) 단련하다
身体	명	shēntǐ	몸. 신체. 건강

★ 어법 포인트

1 전치사 '离'(lí) : 두 지점 사이의 거리상의 격차를 나타내며 '~에서'의 의미를 나타낸다. 공간이나 시간의 간격, 격차를 나타낸다.

① 公司离我家很近。
Gōngsī lí wǒ jiā hěn jìn.

② 你家离学校远不远?
Nǐ jiā lí xuéxiào yuǎn bù yuǎn?

③ 离出发不到十分钟了。
Lí chūfā bú dào shí fēnzhōng le.

④ 离新年只有两天了。
Lí xīnnián zhǐ yǒu liǎng tiān le.

새로운 단어		
□ 近 jìn 가깝다	□ 远 yuǎn 멀다
□ 出发 chūfā 출발하다	□ 分钟 fēnzhōng 분(分)
□ 新年 xīnnián 새해	

2 조동사 '可以'(kěyǐ) : '가능'을 나타내며 단독으로 질문에 대답할 수 있다.

① 又可以锻炼身体。
Yòu kěyǐ duànliàn shēntǐ.

② A : 你明天可以再来一趟吗?
Nǐ míngtiān kěyǐ zài lái yí tàng ma?

B : 可以。
Kěyǐ.

새로운 단어	□ 趟 tàng 번, 회(왕복)

'가능' 의미를 부정할 때는 일반적으로 '不能'(bù néng)으로 말하고, '不可以'로 말하지 않는다.

① **我明天有事, 不能来了。**
Wǒ míngtiān yǒu shì, bù néng láile.

'可以'는 또한 '허가'의 의미를 나타내기도 하는데, 부정할 때는 '不可以' 혹은 '不能'으로 말한다.

② A : **我可以进来吗?**
Wǒ kěyǐ jìnlái ma?

　 B : **不可以。 / 不能。**
Bù kěyǐ. / Bù néng.

③ A : **这儿可以抽烟吗?**
Zhèr kěyǐ chōuyān ma?

　 B : **不可以。 / 不能。**
Bù kěyǐ. / Bù néng.

새로운 단어　□ **抽烟** chōu yān　담배를 피다

---

1. 아래 예시와 같이 다음 그림을 보고 '离'를 이용하여 두 지점 사이의 거리를
나타내시오.

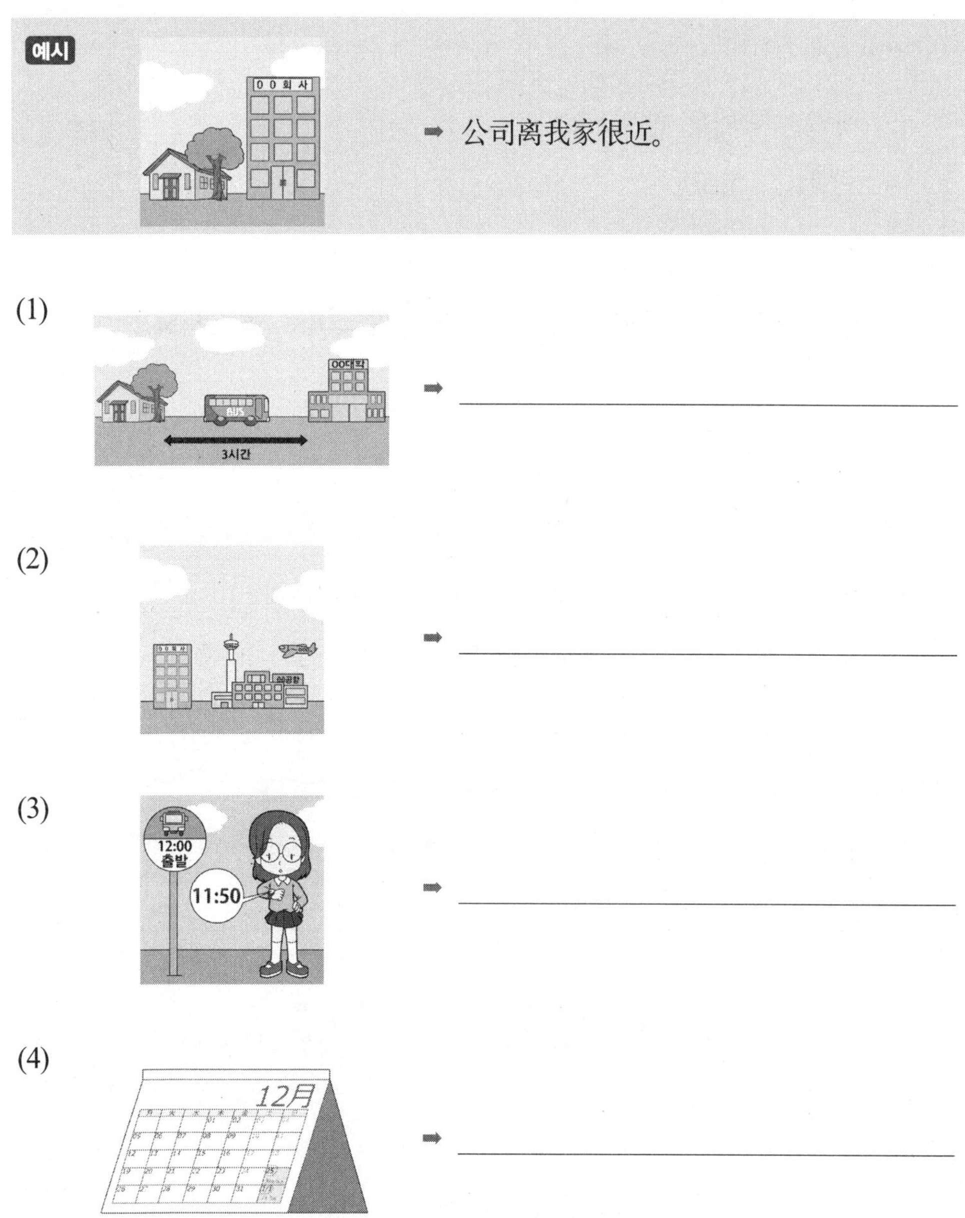

(1)

(2)

(3)

(4)

2. 다음 괄호 안에 적합한 부정형식을 쓰시오.

(1) 내일 일이 있어서 나는 올 수 없다.

➡ 我明天有事, (　　　)来了。

(2) 여기는 담배를 필 수 없다.

➡ 这儿(　　　)抽烟。

3. 주어진 어휘를 이용하여 다음 한국어를 중국어로 옮기시오.

(1) 택시를 타는 것은 너무 비싸다.

(坐 / 太 / 出租车 / 了 / 贵)

➡ ____

(2) 버스를 타는 사람이 너무 많아서 매우 불편하다.

(坐 / 很 / 多 / 的 / 人 / 公共汽车 / 太 / 了 / 麻烦)

➡ ____

(3) 자전거를 타고 회사에 가는 것은 너무 피곤하다.

(骑 / 去 / 公司 / 自行车 / 累 / 很)

➡ ____

디디추싱, 滴滴出行

디디추싱은 미국의 우버 택시(Uber Taxi)로 대표되는 온 디맨드(on demand) 공유경제(sharing economy) 서비스를 모방하여 만들어진 중국의 차량호출업체로, 알리바바, 텐센트, 바이두 등 중국의 3대 IT업체의 전폭적인 투자를 끌어내며 동종 업계를 선도하고 있습니다. 특히, 아직까지 중국에서는 해외여행자의 국제면허를 이용한 직접운전이 불허되는 상황이라 중국여행에 있어서 필수 어플리케이션이라고 할 수 있습니다.

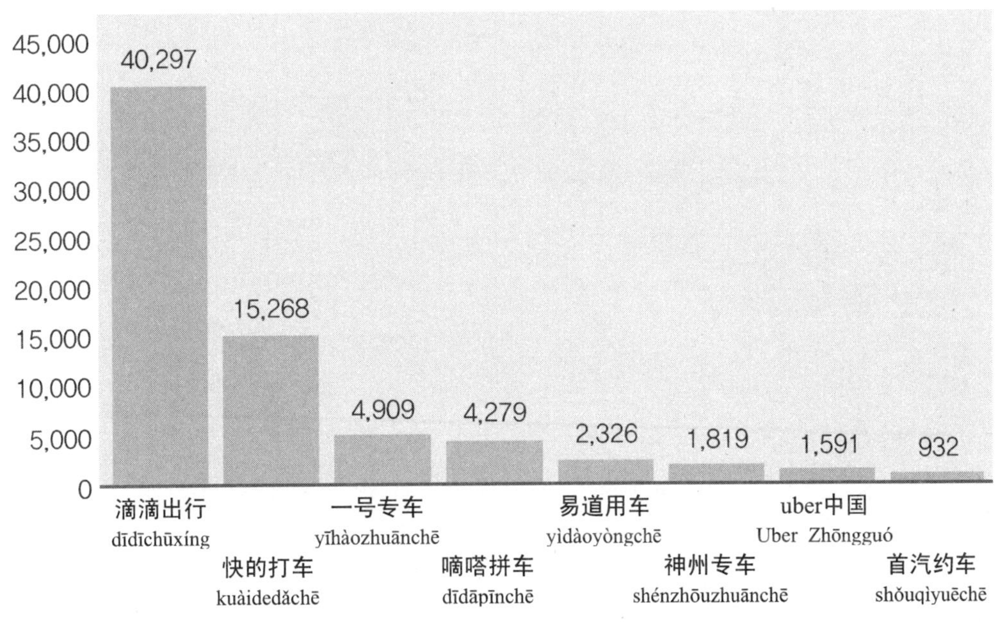

자료출처: 年中国移动出行市场分析报告(2016)

|그림| 중국의 주요 차량호출업체 어플리케이션 다운로드 순위(단위 : 만)

디디추싱의 인기로 이와 유사한 서비스를 제공하는 업체가 우후죽순 등장하고 있지만, 위챗페이, 알리페이 등 간편한 모바일 결제와 각종 할인혜택까지 제공하고 있는 디디추싱이 시장점유율에 있어서 단연 선두를 달리고 있습니다.

MEMO

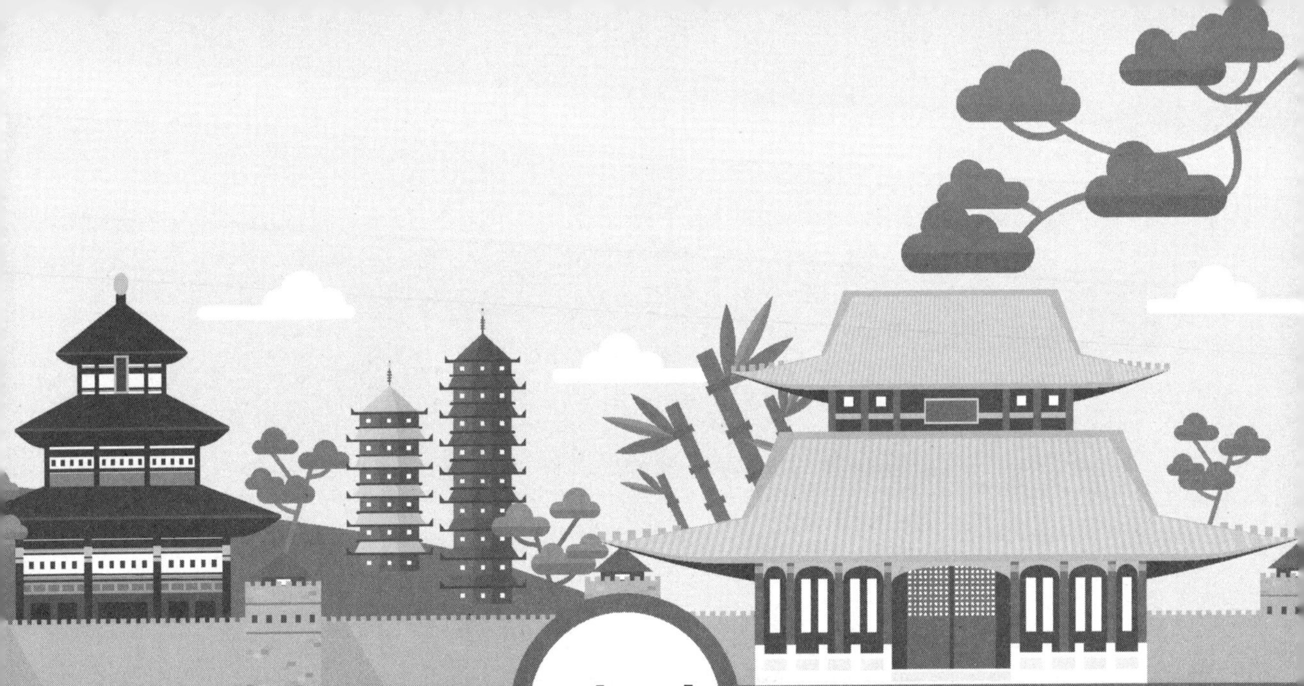

제6과

我能请假吗?

휴가를 내도 됩니까?

물류 노트 샤오미 레이쥔(雷军) 사장

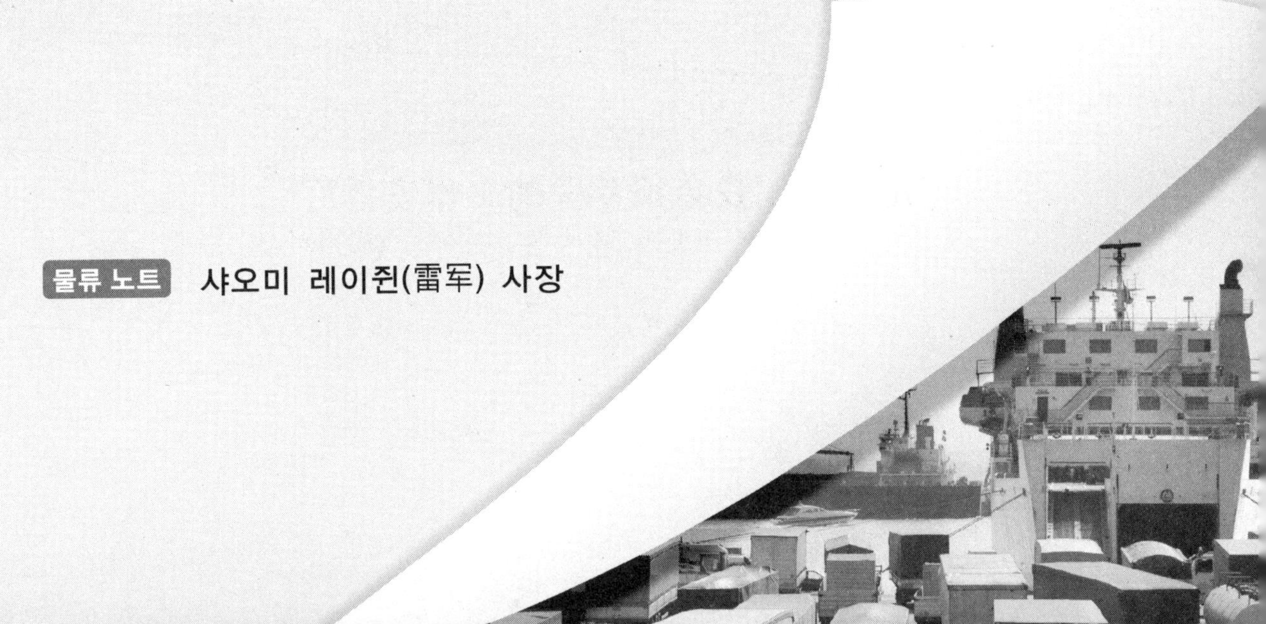

我能请假吗?

김과장 : **李经理，我有件事跟您商量。**
Lǐ jīnglǐ,　　wǒ yǒu jiàn shì gēn nín shāngliang.

이사장 : **有什么事?**
Yǒu shéme shì?

김과장 : **家里有急事，能请假去看看吗?**
Jiāli yǒu jíshì,　　néng qǐngjià qù kànkan ma?

이사장 : **是吗? 那你应该去，没问题。**
Shì ma? Nà nǐ yīnggāi qù,　　méi wèntí.

김과장 : **谢谢您!**
Xièxie nín!

走以前，我会把手里的工作安排好。
Zǒu yǐqián,　　wǒ huì bǎ shǒuli de gōngzuò ānpái hǎo.

이사장 : 你把请假条填好，我就签字准假。
Nǐ bǎ qǐngjiàtiáo tián hǎo,　wǒ jiù qiānzì zhǔn jià.

김과장 : 好，我马上去准备。
Hǎo,　wǒ mǎshàng qù zhǔnbèi.

본문 해석

김과장 : 이사장님, 상의 드리고 싶은 일이 있습니다.
이사장 : 무슨 일입니까?
김과장 : 집에 급한 일이 생겼는데, 휴가를 내고 가 봐도 되겠습니까?
이사장 : 그래요? 그럼 당연히 가야죠. 문제없습니다.
김과장 : 감사합니다!
　　　　 가기 전에 제 업무를 잘 처리하겠습니다.
이사장 : 휴가서를 작성하면 제가 사인해서 휴가 처리하도록 하겠습니다.
김과장 : 알겠습니다, 바로 가서 준비하겠습니다.

经理	명	jīnglǐ	사장
跟	전치	gēn	~와/과
商量	동	shāngliang	상의하다, 의논하다
急事		jíshì	급한 일, 긴급한 사건
请假	동	qǐngjià	(휴가, 조퇴, 외출, 결근, 결석 등의 허락을) 신청하다
应该	조동	yīnggāi	~해야 한다, 반드시 ~할 것이다.
问题	명	wèntí	문제, 질문
以前	명	yǐqián	이전. 예전. 과거
安排	동	ānpái	(인원, 시간 등을) 안배하다, 일을 처리하다, 준비하다
请假条	명	qǐngjiàtiáo	(휴가, 외출 등의) 사유서, 결석계, 결근계
填	동	tián	기입하다, 써 넣다, 채우다, 메우다
签字	동	qiānzì	서명하다, 사인하다
准	동	zhǔn	허락하다, 허가하다, 허용하다
马上	부	mǎshàng	즉시, 곧
准备	동	zhǔnbèi	준비하다

★ 어법 포인트

1 '有'자 겸어식 연동문 : 첫 번째 동사 '有' 뒤에 목적어가 있고 그 뒤에 또 다른 동사가 출현하는 격식으로, 기본 격식은 다음과 같다.

> **S + 有 + O + V**

① 我有件事情跟您商量。
Wǒ yǒu jiàn shìqing gēn nín shāngliang.

② 我们这儿没有人姓金。
Wǒmen zhèr méiyǒu rén xìng Jīn.

③ 她有一把伞很好看。
Tā yǒu yì bǎ sǎn hěn hǎokàn.

새로운 단어
- 商量 shāngliang 상의하다, 의논하다
- 把 bǎ 자루(손잡이 달린 물건 세는 양사)
- 伞 sǎn 우산, 양산
- 好看 hǎokàn 예쁘

---

2 조동사 '应该'(yīnggāi) : 심리적으로 '반드시 이러해야 한다'는 의미를 나타낸다. 단독으로 질문에 대답할 수 있다. 부정은 '不应该'(bù yīnggāi)를 쓴다.

① 那你应该去。
Nà nǐ yīnggāi qù.

② 学习应该认真。
Xuéxí yīnggāi rènzhēn.

③ 你们应该去看看。
Nǐmen yīnggāi qù kànkan.

새로운 단어
- 认真 rènzhēn 진지하다, 성실하다

---

3 '把'(bǎ) 자문(2) : '把'를 사용하여 목적어를 동사 앞으로 전치시킨 문장을 '把'자문이라고 한다. 동작이나 어떤 영향을 받아 어떤 사람이나 사물에 어떤 결과, 상태, 변화 등이 발생했음을 나타낼 때 쓴다. 기본 격식은 다음과 같다.

S + 조동사/부사 + 把 + O + 동사 + 결과보어

① 我把手里的工作安排好。
Wǒ bǎ shǒuli de gōngzuò ānpái hǎo.

② 你把窗户打开吧。
Nǐ bǎ chuānghù dǎkāi ba.

③ 妈妈把饭煮好了。
Māma bǎ fàn zhǔ hǎo le.

④ 她把作业做完了。
Tā bǎ zuòyè zuò wán le.

⑤ 他没把练习做完。
Tā méi bǎ liànxí zuò wán.

새로운 단어

☐ 窗户 chuānghù 창문　　　☐ 煮 zhǔ 삶다, 끓이다, 익히다
☐ 练习 liànxí 연습(하다)

1. 아래 예시와 같이 그림을 '把'자문으로 작성하시오.

예시 ➡ 我把手里的工作安排好。

(1) ➡ ___________________________________

(2) ➡ ___________________________________

(3) ➡ ___________________________________

(4) ➡ ___________________________________

2. 다음 문장을 부정형식으로 변환하시오.

(1) 我把手里的工作安排好了。 ⇒ _______________________

(2) 爸爸把窗户打开了。 ⇒ _______________________

(3) 妈妈把饭煮好了。 ⇒ _______________________

(4) 她把作业做完了。 ⇒ _______________________

3. 주어진 어휘를 이용하여 한국어를 중국어로 옮기시오.

(1) 당신과 상의할 일이 있다.

(我 / 您 / 事情 / 跟 / 件 / 有 / 商量)

⇒ _______________________

(2) 그는 휴가서를 제대로 쓰지 않았다.

(他 / 请假条 / 把 / 没 / 好 / 填)

⇒ _______________________

샤오미 레이쥔(雷軍) 사장

|그림| 레이쥔(雷軍) 사장

중국의 스티브잡스, 샤오미의 레이쥔 사장! 그의 신제품 프레젠테이션 스타일이 스티브잡스와 유사하다고 하여 붙여진 별명입니다. 그러나 최근 권외 통화료와 권내 통화료의 차이를 없애고 독자적인 플랫폼을 구축하여 국내 소비자들에게 호평을 얻기 시작한 샤오미 휴대폰의 급부상은 애플의 시장 점유율(10.3%)을 크게 능가하여 15.7%를 기록하고 있습니다.(KB금융그룹 가전·전자부품 산업전망, 2016년 기준)

失败是必然事件，成功是偶然事件。
Shībài shì bìrán shìjiàn, chénggōng shì ǒurán shìjiàn.

站在风口上，猪都能飞起来。
Zhàn zài fēngkǒushàng, zhū dōu néng fēiqǐlái.

'실패는 필연적 사건이고 성공은 우연적 사건이다.
바람이 세게 나오는 통풍구에 서면 무거운 돼지도 날아오른다!'

'40'이라는 다소 늦은 감이 없지 않은 나이에 창업한 그의 어록을 통하여 '대륙의 실수'에서 '대륙의 기적'으로 성장한 샤오미의 경영철학을 엿볼 수 있습니다.

MEMO

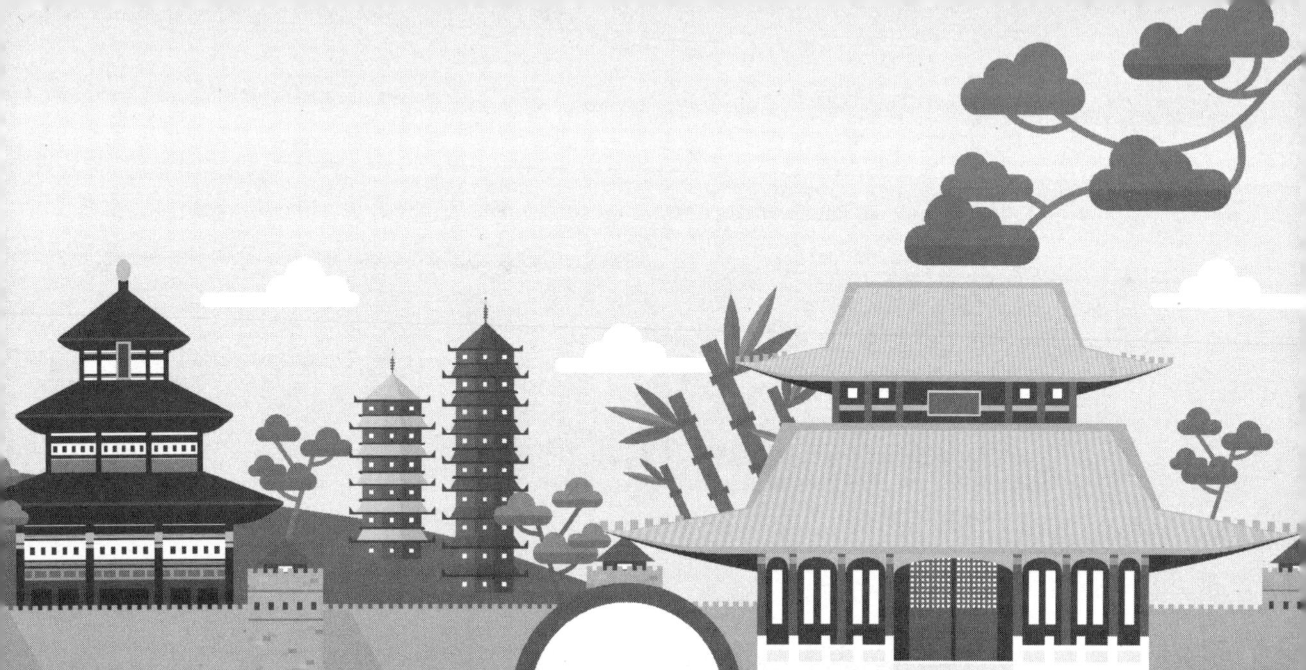

제7과

在饭店

호텔 체크인 & 체크아웃

물류 노트 빠링허우(80后), 지우링허우(90后)

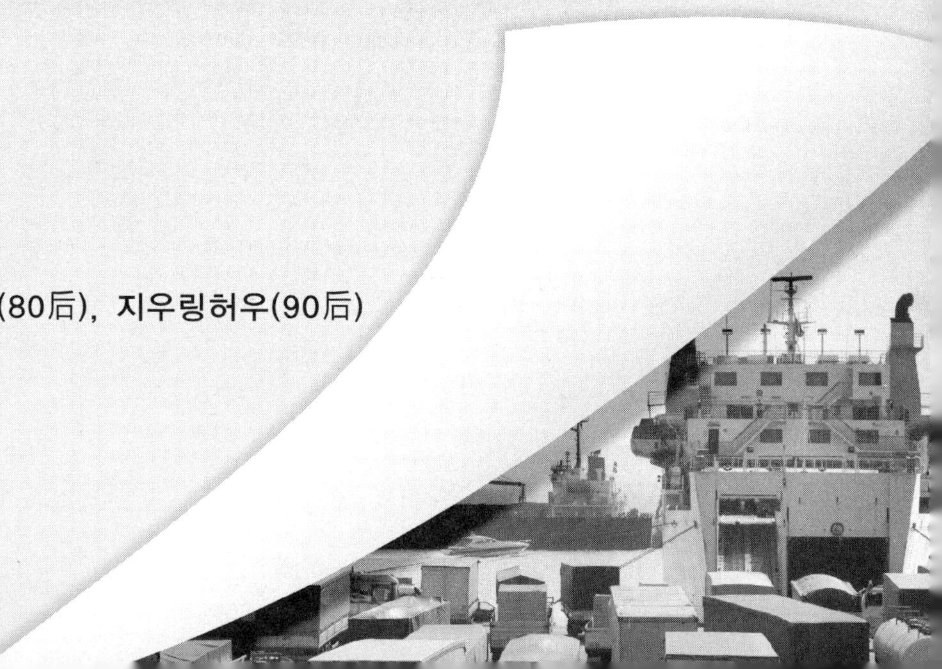

제**7**과

在饭店

＊＊＊ 체크인 ＊＊＊

김과장 : **欢迎光临! 您有预订吗？**
Huānyíng guānglín! Nín yǒu yùdìng ma?

김과장 : **你好! 我已经预订房间了。**
Nǐ hǎo!　Wǒ yǐjīng yùdìng fángjiān le.

프런트 : **请给我看看您的护照!**
Qǐng gěi wǒ kànkan nín de hùzhào!

我查一下，请稍等。
Wǒ chá yíxià,　qǐng shāo děng.

金永水先生，一个单人间，对吗？
Jīnyǒngshuǐ xiānsheng, yí ge dānrénjiān,　duì ma?

김과장 : **是的。**
Shìde.

프런트 : **您住几天？**
nín zhù jǐ tiān?

김과장 : **两天**。
Liǎng tiān.

프런트 : **2205号房间，这是房卡，请您拿好**。
Èr-èr-líng-wǔ hào fángjiān, zhè shì fángkǎ, qǐng nín ná hǎo.

김과장 : **谢谢**。
Xièxie

본문 해석

* * * 체크인 * * *
프런트 : 안녕하세요! 예약하셨나요?
김과장 : 안녕하세요. 방을 이미 예약했습니다
프런트 : 여권을 좀 보여주세요.
　　　　제가 좀 찾아보겠습니다. 잠시만 기다리세요.
　　　　김영수씨, 싱글룸 하나, 맞습니까?
김과장 : 맞습니다.
프런트 : 며칠 묵으실 건가요?
김과장 : 이틀이요.
프런트 : 2205호 방입니다. 이것은 방카드니 잘 챙기십시오.
김과장 : 감사합니다.

* * * 체크아웃 * * *

김과장 : **你好！我要退房。**
Nǐ hǎo!　　Wǒ yào tuì fáng.

프런트 : **请问您的姓名和房间号码？**
Qǐngwèn nín de xìngmíng hé fángjiān hàomǎ?

김과장 : **2205号房间，金永水。这是房卡。**
Èr-èr-líng-wǔ hào fángjiān, Jīnyǒngshuǐ. Zhè shì fángkǎ.

프런트 : **请稍等一下，服务员在检查您的房间。**
Qǐng shāo děng yíxià, fúwùyuán zài jiǎnchá nín de fángjiān.

可以了，一共两千二百块。
Kěyǐ le,　　yígòng liǎngqiānèrbǎi kuài.

김과장 : **可以用信用卡支付吗？**
Kěyǐ yòng xìnyòngkǎ zhīfù ma?

프런트 : **可以。**
Kěyǐ.

김과장 :　**给您信用卡**。
Gěi nín xìnyòngkǎ.

프런트 :　**请您在这儿签名**。
Qǐng nín zài zhèr qiānmíng.

谢谢! 欢迎您再次来我们饭店。
Xièxie! Huānyíng nín zàicì lái wǒmen fàndiàn.

김과장 :　**再见**!
Zàijiàn!

본문 해석

* * * 체크아웃 * * *
김과장 :　안녕하세요! 체크아웃을 하려고 합니다.
프런트 :　성함과 방 호수가 어떻게 됩니까?
김과장 :　2205호이고, 김영수입니다. 이것은 방카드입니다.
프런트 :　잠시만 기다리세요, 종업원이 당신의 방을 검사하고 있습니다.
　　　　　됐습니다, 모두 2200위안입니다.
김과장 :　신용카드로 지불해도 됩니까?
프런트 :　됩니다.
김과장 :　신용카드 여기 있습니다.
프런트 :　여기에 사인해 주세요.
　　　　　감사합니다. 다음에도 저희 호텔을 찾아주세요.
김과장 :　안녕히 계세요.

새로운 단어

欢迎光临		huānyíng guānglín	어서 오세요
预订	동	yùdìng	예약하다
已经	부	yǐjīng	이미. 벌써
房间	명	fángjiān	방
护照	명	hùzhào	여권
查	동	chá	조사하다. 검사하다. 찾아보다
稍	부	shāo	약간. 조금. 좀. 잠깐. 잠시
先生	명	xiānsheng	선생님. 씨 (성인 남성에 대한 경칭)
单人间		dānrénjiān	1인실
房卡	명	fángkǎ	호텔 등의 룸 카드키
拿	동	ná	쥐다. 잡다. 가지다. 받다. 얻다. 획득하다
退房		tuì fáng	체크아웃하다
在	부	zài	…하고 있다. …하고 있는 중이다
检查	동	jiǎnchá	검사하다. 점검하다. 조사하다
用	동	yòng	쓰다. 사용하다
信用卡	명	xìnyòngkǎ	신용카드. 크레디트카드
支付	동	zhīfù	지불하다. 내다
签名	동	qiānmíng	사인하다. 서명하다
再次	부	zàicì	재차. 거듭. 다시 한 번
饭店	명	fàndiàn	호텔. 식당

1 전치사 '给'(gěi) : 전달하고자 하는 접수자, 동작의 수혜자 등을 이끌어 낼 때 사용한다. 예를 들면 다음과 같다.

① 我给父母写信。
Wǒ gěi fùmǔ xiě xìn.

② 他给我打电话。
Tā gěi wǒ dǎ diànhuà.

새로운 단어		
□ 父母 fùmǔ 부모	□ 写 xiě 쓰다
□ 信 xìn 편지	□ 打 dǎ (전화를) 걸다
□ 电话 diànhuà 전화	

2 진행태 (正)在……(呢) (zhèng)zài……(ne) : 동작의 진행을 나타낼 때 동사 앞에 '正', '在', '正在'를 붙이는데, 동사 뒤에 지속을 나타내는 '着'(zhe)를 붙이거나, 문미에 어기조사 '呢'를 붙일 수도 있다. 기본 격식은 다음과 같다.

正/在/正在 + V + (着)……(呢)。

① 服务员在检查您的房间。
Fúwùyuán zài jiǎnchá nín de fángjiān.

② 他正在看书呢。
Tā zhèngzài kàn shū ne.

③ 她正打电话呢。
Tā zhèng dǎ diànhuà ne.

④ 你在想什么?
Nǐ zài xiǎng shénme?

⑤ 他们正在吃饭呢。
Tāmen zhèngzài chī fàn ne.

새로운 단어   □ **检查** jiǎnchá 검사하다, 조사하다   □ **房间** fángjiān 방

연습문제

1. 다음 그림에 맞는 대화를 완성하기 위해 밑줄 친 부분에 들어갈 적합한 문장을 쓰시오.

(1) 프런트 : 欢迎光临! ＿＿＿＿＿＿?

　　김과장 : 你好! 我已经预订房间了。

　　프런트 : 请给我看看＿＿＿＿!

　　　　　　您住＿＿?

　　김과장 : 两天。

　　프런트 : 2205号房间，这是房卡，请您＿＿。

　　김과장 : 谢谢。

(2) 김과장 : 你好! 我要＿＿。

　　프런트 : 请问您的＿＿＿＿＿＿?

　　김과장 : 2205号房间，金永水。这是房卡。

　　프런트 : 请稍等一下，服务员在检查您的房间

　　　　　　可以了，一共两千二百块。

　　김과장 : 可以＿＿＿＿＿吗?

　　프런트 : 可以。

　　김과장 : 给您信用卡。

　　프런트 : 请您＿＿＿＿。

　　　　　　谢谢! ＿＿＿＿＿＿＿＿＿。

　　김과장 : 再见!

2. 다음 그림을 보고 예시와 같이 적당한 대화를 완성하시오.

예시

Q : 服务员在干什么呢?

A : 她在检查您的房间(呢)。

(1)

Q : 你在干什么呢?

A : _______________________________

(2)

Q : 你在干什么呢?

A : _______________________________

(3)

Q : 他在想什么?

A : _______________________________

(4)

Q : 他们在干什么?

A : _______________________________

3. 주어진 어휘를 이용하여 한국어를 중국어로 옮기시오.

(1) 제게 당신의 여권을 좀 보여주세요.

(给 / 请 / 的 / 看 / 看 / 您 / 我 / 护照)

➡ ____

(2) 신용카드로 지불해도 됩니까?

(吗 / 信用卡 / 支付 / 用 / 可以)

➡ ____

(3) 여기에 사인하세요.

(在 / 您 / 请 / 这儿 / 签名)

➡ ____

(4) 다음에도 우리 호텔을 이용해 주시길 바랍니다.

(欢迎 / 来 / 再次 / 我们 / 您 / 饭店)

➡ ____

빠링허우(80后), 지우링허우(90后)

1979년 중국의 덩샤오핑(鄧小平)의 산아제한 정책(1가구, 1자녀 정책)이 시행된 이후에 태어난 1980년대 생, 빠링허우는 가정에서는 소황제(小皇帝) 또는 소공주(小公主)로 불리며 자유롭게 자라났습니다. 또한 중국의 급속한 경제 성장의 혜택으로 물질적인 풍요를 크게 누려온 세대라고 할 수 있습니다. 이들 세대와 비교되는 1990년대에 태어난 지우링허우를 합치면 4억이 되는데, 중국의 핵심 소비계층으로 최근 주목을 받고 있습니다.

|표| 소비패턴 비교

	80后	90后
광고 노출	TV, 라디오, 신문잡지 등의 대중매체	위챗, 웨이보 등의 SNS
소비 영역	수입 고가 브랜드	중저가의 품질, 실용주의적 성향
취향	유행에 민감, 새로운 물건에 대한 호기심	개인주의 취향
구매 패턴	대량 구매	개별 구매
소비 성향	즉흥적	신중

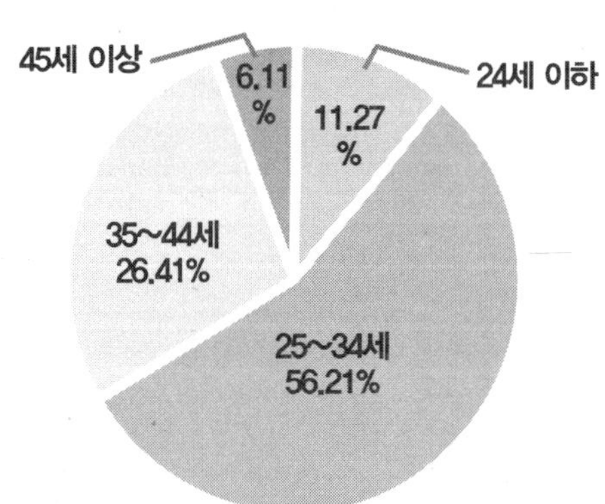

또한, 해외 요우커 중 빠링허우와 지우링허우가 차지하는 비중이 각각 56.2%, 11.3%로 주요 해외여행 고객층을 형성하고 있습니다.

자료 출처: 北京青年报, 2016

|그림| 중국인 요우커의 연령 분포

预订机票

항공권 예약하기

물류 노트 중국 공항

预订机票

김과장 : **你好! 我想买一张12月15号从仁川到北京的飞机票。**
Nǐ hǎo! Wǒ xiǎng mǎi yì zhāng shí'èr yuè shíwǔ hào cóng Rénchuān dào Běijīng de fēijīpiào.

직 원 : **您要几点出发?**
Nín yào jǐ diǎn chūfā?

김과장 : **有上午的航班吗?**
Yǒu shàngwǔ de hángbān ma?

직 원 : **有, 上午10点起飞的韩亚航空公司可以吗?**
Yǒu, shàngwǔ shí diǎn qǐfēi de Hányàhángkōng gōngsī kěyǐ ma?

김과장 : **好的, 帮我订一张。**
Hǎode, bāng wǒ dìng yì zhāng.

직 원 : **请告诉我您的英文名字和护照号码。**
Qǐng gàosu wǒ nín de Yīngwén míngzì hé hùzhào hàomǎ.

김과장 : **我的英文名字是Kim yong soo,**
Wǒ de Yīngwén míngzì shì 'Kim yong soo',

护照号码是M9813456。
hùzhào hàomǎ shì 'M jiǔbāyāosānsìwǔliù'.

직 원 : **好的，订好了。**
Hǎode,　dìnghǎole.

본문 해석

김과장 : 안녕하세요! 12월 15일 인천에서 북경으로 가는 비행기표를 사려고 합니다.

직 원 : 몇 시 출발하실 겁니까?

김과장 : 오전 비행기가 있습니까?

직 원 : 있습니다. 오전 10시에 이륙하는 아시아나 항공 괜찮습니까?

김과장 : 좋습니다. 한 장 예약해 주세요.

직 원 : 영문 이름과 여권번호를 알려주세요.

김과장 : 제 영문이름은 Kim yong soo이고, 여권번호는 M9813456입니다.

직 원 : 알겠습니다, 잘 예약되었습니다.

想	조동	xiǎng	바라다. 희망하다. …하고 싶다. …하려고 하다
买	동	mǎi	사다
张	양	zhāng	장(종이나 가죽 등을 세는 단위)
仁川		Rénchuān	인천
飞机票		fēijīpiào	비행기표
韩亚航空		Hányàhángkōng	아시아나항공
出发	동	chūfā	출발하다. 떠나다
航班	명	hángbān	(배나 비행기의) 운항편. 항공편
起飞	동	qǐfēi	(비행기, 로켓 등이) 이륙하다
订	동	dìng	예약하다. 주문하다
告诉	동	gàosu	말하다. 알리다
英文	명	Yīngwén	영어. 영문
护照	명	hùzhào	여권
号码	명	hàomǎ	번호

1 이중목적어구문 : 한 개의 술어에 두 개의 목적어가 수반된 문장을 말한다.
두 목적어 중 하나는 사람을, 다른 하나는 사물을 가리킨다. 기본 격식은 다음과 같다.

S + V + O1(사람) + O2(사물)

① 你告诉我您的英文名字和护照号码。
Nǐ gàosù wǒ nín de yīngwén míngzì hé hùzhào hàomǎ.

② 他给我一张票。
Tā gěi wǒ yì zhāng piào.

③ 我问老师几个问题。
Wǒ wèn lǎoshī jǐ gè wèntí.

④ 他送我一件礼物。
Tā sòng wǒ yí jiàn lǐwù.

⑤ 老师教我们汉语。
Lǎoshī jiào wǒmen Hànyǔ.

새로운 단어 □ 礼物 lǐwù 선물　　　　□ 送 sòng 보내다. 선물하다

회사명	한어병음	영문명
大韩航空	Dàhán hángkōng	Korean Air
韩亚航空	Hányà hángkōng	Asiana Airlines
中國國際航空	Zhōngguó guójì hángkōng	Air China
中國东方航空	Zhōngguó dōngfāng hángkōng	China Eastern Airlines
中國南方航空	Zhōngguó nánfāng hángkōng	China Southern Airlines
海南航空	Hǎinán hángkōng	Hainan Airlines
美国航空	Měiguó hángkōng	American Airlines
达美航空	Dáměi hángkōng	Delta
全日空	Quánrìkōng	ANA
日本航空	Rìběn hángkōng	Japan Airlines
国泰航空	Guótài hángkōng	Cathay Pacific
泰国航空	Tàiguó hángkōng	Thai Airways

연습문제

1. 다음 녹음을 듣고 괄호 안에 들어갈 중국어를 쓰시오.

김과장 : 你好! 我想买一(　　　)12月15号(　　　)仁川(　　　)北京的飞机票。

직　원 : 您要几点(　　　)?

김과장 : 有上午的(　　　)吗?

직　원 : 有，上午10点(　　　)的韩亚航空公司可以吗?

김과장 : 好的，帮我(　　　)一张。

직　원 : 请告诉我您的英文(　　　)和(　　　)号码。

김과장 : 我的英文名字是Kim yong soo，

　　　　护照号码是M9813456。

직　원 : 好的，订(　　　)了。

2. 다음 그림을 보고 괄호 안에 들어갈 적합한 어구를 써 대화를 완성하시오.

(1)　A : 我想买___________的飞机票。

　　　B : 您要几点出发?

　　　A : _________出发。

　　　B : 您要几张?

　　　A : ____。

(2)　A : 我想买___________的飞机票。

　　　B : 您要几点出发?

　　　A : _________出发。

　　　B : 您要几张?

　　　A : ____。

(3) A : 我想买＿＿＿＿＿的船票。

     B : 您要几点出发?

     A : ＿＿＿＿＿出发。

     B : 您要＿＿?

     A : 两张。

(4) A : 我想买＿＿＿＿＿的船票。

     B : 您要几点出发?

     A : ＿＿＿＿＿出发。

     B : 您要＿＿?

     A : 五张。

3. 주어진 어휘를 이용하여 한국어를 중국어로 옮기시오.

(1) 그가 나에게 표 한 장을 준다.

    (我 / 他 / 张 / 给 / 一 / 票)

  ➡ ＿＿＿＿＿＿＿＿＿＿＿＿＿＿＿＿＿＿＿

(2) 나는 선생님께 질문 몇 개를 묻는다.

    (几 / 老师 / 我 / 问题 / 个 / 问)

  ➡ ＿＿＿＿＿＿＿＿＿＿＿＿＿＿＿＿＿＿＿

(3) 그가 나에게 선물을 준다.

    (他 / 我 / 礼物 / 送 / 一 / 件)

  ➡ ＿＿＿＿＿＿＿＿＿＿＿＿＿＿＿＿＿＿＿

(4) 선생님이 우리에게 중국어를 가르친다.

    (教 / 我们 / 老师 / 汉语)

  ➡ ＿＿＿＿＿＿＿＿＿＿＿＿＿＿＿＿＿＿＿

중국 공항

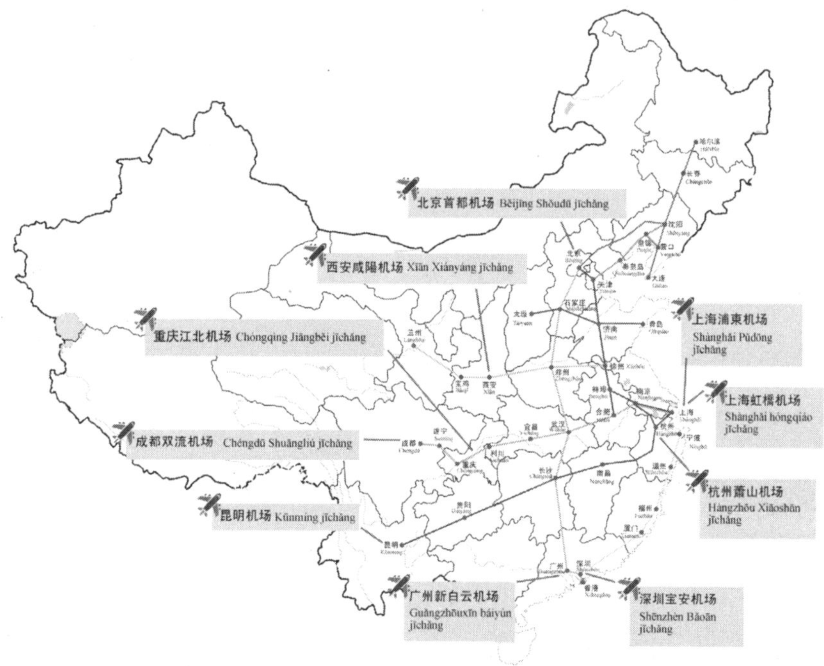

|그림| 중국의 10대 주요공항과 고속철도

　　최근 중국은 급속한 경제 성장과 인적·물적 교류의 확대로 인하여 항공 수요가 급증하고 있습니다. 이에 중국은 항공의 대중화를 통한 항공 산업의 육성을 목적으로 전국 각지에 공항 건설 붐을 일으키고 있습니다. 그러나 아직까지 물류 선진국에 비하면 여객수송 위주로 발전하여 항공화물 처리능력이 부족하고, 과거 사회주의적 풍토의 잔존으로 인하여 공항 종사자의 서비스 전문성이 낮은 것이 실정입니다.

　　세계경제의 글로벌화와 동북아 경제권의 급부상, 그리고 최근에는 고부가가치 상품의 증가와 물류 리드타임의 축소 요구가 증가하면서 항공물류의 중요성이 더욱 더 부각되고 있습니다. 특히 2003년부터 2013년까지 중국 항공화물시장 물동량이 매년 평균 9.9% 증가해왔고 2033년까지 지속적인 성장세를 유지할 전망이여서(국제공항협의회, ACI) 중국의 항공물류 성장이 크게 기대됩니다.

제9과

淘宝网

(www.taobao.com)

인터넷 쇼핑몰

물류 노트　이커머스(eCommerce) 기업

淘宝网

김과장 : **我想网上购物，怎么做？**
Wǒ xiǎng wǎng shàng gòuwù, zěnme zuò?

장비서 : **你要在哪个网店购物？**
Nǐ yào zài nǎge wǎngdiàn gòuwù?

김과장 : **我只知道淘宝网、亚马逊、当当网等几个网店。**
Wǒ zhǐ zhīdao Táobǎowǎng, Yàmǎxùn, Dāngdāngwǎng děng jǐ ge wǎngdiàn.

장비서 : **你在网上有账号吗？**
Nǐ zài wǎngshàng yǒu zhànghào ma?

김과장 : **还没有。**
Hái méiyǒu.

장비서 : **那你先在网上免费注册一个账号吧！**
Nà nǐ xiān zài wǎngshàng miǎnfèi zhùcè yí ge zhànghào ba!

김과장 : **注册好了，然后呢？**
Zhùcè hǎo le, ránhòu ne?

장비서 : **登陆就可以直接在网上搜索你想要买的东西了。**
Dēnglù jiù kěyǐ zhíjiē zài wǎngshàng sōusuǒ nǐ xiǎng yào mǎi de dōngxi le.

김과장 : **知道了，谢谢你!**
Zhīdaole,　　xièxie nǐ!

장비서 : **不谢!**
Búxiè!

김과장 : 나는 인터넷 쇼핑을 하려고 하는데 어떻게 합니까?

장비서 : 당신은 어느 인터넷 쇼핑몰에서 구매할거에요?

김과장 : 저는 타오바오왕, 아마존, 당당왕 등 몇 개 온라인 쇼핑몰만 압니다.

장비서 : 인터넷에 계정(ID)이 있습니까?

김과장 : 아직 없어요.

장비서 : 그럼 먼저 인터넷에 무료 계정을 하나 만드세요!

김과장 : 회원가입을 했어요, 그 다음은요?

장비서 : 로그인하면 바로 인터넷에서 당신이 사고 싶은 물건을 직접 검색할 수 있습니다.

김과장 : 알겠습니다. 감사합니다.

장비서 : 천만에요!

새로운 단어

怎么	대명	zěnme	어떻게. 어째서. 왜
只	부	zhǐ	단지. 다만. 오직. 겨우
知道	동	zhīdao	알다. 이해하다.
购物	동	gòuwù	물품을 구입하다. 물건을 사다
网店	명	wǎngdiàn	인터넷 숍
淘宝网	고유	Táobǎo Wǎng	Taobao(타오바오)
亚马逊	고유	Yàmǎxùn	아마존
当当网	고유	Dāngdāng Wǎng	Dangdang(당당)
账号	명	zhànghào	ID. 계정
免费	동	miǎnfèi	돈을 받지 않다. 무료로 하다
注册	동	zhùcè	등록하다. 등기하다
然后	접속	ránhòu	그런 연후에. 그 다음에
登陆	동	dēnglù	등록하다. 로그인하다
直接	형	zhíjiē	직접적인
搜索	동	sōusuǒ	(인터넷에) 검색하다
东西	명	dōngxi	것. 물건. 사물. 물품
不谢	동	búxiè	천만에요. 감사할 것 없습니다

1 의문대명사 '怎么' zěnme : '방식'과 '원인'을 묻는데 쓰이며 '동사' 앞에 출현한다.

(1) 방식(how)

① 北京大学怎么走?
Běijīng dàxué zěnme zǒu?

② 这个字怎么写?
Zhè ge zì zěnme xiě?

새로운 단어
- 北京大学 Běijīng dàxué 북경대학
- 写 xiě 쓰다
- 还 huán 돌려주다, 반납하다
- 走 zǒu 걷다, 가다
- 高兴 gāoxing 기쁘다, 즐겁다

---

(2) 원인(why)

③ 他怎么这样高兴?
Tā zěnme zhèyang gāoxing?

④ 你怎么没还?
Nǐ zěnme méi huán?

2 부사 '只' zhǐ : '이것 외에 다른 것은 없다'는 의미를 나타낸다. 동작과 관련된 사물이나 사물의 수량을 제한한다.

① 我只学过英语。
Wǒ zhǐ xuéguo Yīngyǔ.

② 我只去过北京。
Wǒ zhǐ qùguo Běijīng.

3 조사 '了'(le) : 두 가지 용법이 있으며, 각각 '了1', '了2'로 표기한다.

(1) '了1' : 동사 뒤에 쓰여 동작의 완성 혹은 완료를 나타낸다.

   ① 我买了三张票。
     Wǒ mǎi le sān zhāng piào.

   ② 我吃饭了。
     Wǒ chī fàn le.

부정을 나타낼 때는 부사 '没'를 동사 앞에 붙이고 동사 뒤의 '了'는 쓰지 않는다.

   ①′ 我没买票。
     Wǒ méi mǎi piào.

   ②′ 我没吃饭。
     Wǒ méi chī fàn.

(2) '了2' : 문미에 쓰여 사태에 변화가 발생했거나 곧 변화가 생길 것이라는 사실을 긍정하는 역할을 한다.

   ③ 我有女朋友了。
     Wǒ yǒu nǚ péngyǒu le.

   ④ 她脸红了。
     Tā liǎn hóng le.

새로운 단어　□ 脸 liǎn 얼굴　　　　□ 红 hóng 붉다

1. 다음 녹음을 듣고 괄호 안에 들어갈 중국어를 쓰시오.

김과장 : 我想(　　　)购物，怎么做?

장비서 : 你要在哪个网店(　　　)?

김과장 : 我只知道淘宝网、亚马逊、当当网等几个(　　　)。

장비서 : 你在网上有(　　　)吗?

김과장 : 还没有。

장비서 : 那你先在网上(　　　)注册一个账号吧!

김과장 : (　　　)好了，然后呢?

장비서 : (　　　)就可以直接在网上搜索你想要买的东西了。

김과장 : 知道了，谢谢你!

장비서 : 不谢!

2. 다음 문장을 부정형식으로 변환하시오.

(1) 我买了三张票。　　　　　　　➡ ________________________

(2) 我吃饭了。　　　　　　　　　➡ ________________________

(3) 他买书了。　　　　　　　　　➡ ________________________

(4) 她注册好了。　　　　　　　　➡ ________________________

3. 주어진 어휘를 이용하여 한국어를 중국어로 옮기시오.

(1) 이 글자 어떻게 씁니까?

(这 / 字 / 怎么 / 个 / 写)

➡ ______________________________________

(2) 너는 어째서 오지 않았니?

(没 / 怎么 / 你 / 来)

➡ ______________________________________

이커머스(eCommerce) 기업

지역	지수	지역	지수
广东 Guǎngdōng	18.072	广西 Guǎngxī	1.856
北京 Běijīng	11.256	江西 Jiāngxī	1.764
上海 Shànghǎi	6.179	山西 Shānxī	1.702
浙江 Zhèjiāng	5.514	云南 Yúnnán	1.586
江苏 Jiāngsū	5.031	天津 Tiānjīn	1.491
福建 Fújiàn	3.967	黑龙江 Hēilóngjiāng	1.450
山东 Shāndōng	3.709	海南 Hǎinán	1.246
四川 Sìchuān	3.591	吉林 Jílín	1.230
河南 Hénán	3.202	内蒙古 Nèiměnggǔ	1.166
重庆 Chóngqìng	3.021	贵州 Guìzhōu	1.165
湖南 Húnán	2.884	新疆 Xīnjiāng	0.933
湖北 Húběi	2.797	甘肃 Gānsù	0.917
河北 Héběi	2.579	宁夏 Níngxià	0.785
辽宁 Liáoníng	2.239	青海 Qīnghǎi	0.457
陕西 Shǎnxī	2.153	西藏 Xīzàng	0.350
安徽 Ānhuī	2.069		

자료: Tencent(2016), 中国 "互联网+"指数 2016

|그림| 중국 인터넷 plus 지수현황

모바일 기기의 급속한 보급과 결제시스템의 간소화, 13억이라는 거대 인구, 그리고 중국정부의 인터넷 기반의 신경제(新经济) 발전구상 등이 더해져 중국의 이커머스(eCommerce) 시장은 끊임없는 성장을 지속하고 있습니다.

특히, 동부 연해 지역이 주도하고 있는 중국의 이커머스 시장은 매년 이용자 4억여 명, 거래액 6조 달러 이상의 거대 시장으로 성장하고 있습니다.

|표| 중국 10대 이커머스(eCommerce) 기업

순위	기업명	주요 브랜드
1	알리바바(Alibaba)	알리바바, 타오바오, Tmall
2	텐센트(Tencent)	텐센트, QQ, 웨이신(Wechat)
3	바이두(Baidu.com)	바이두
4	징둥그룹(JD集团)	JD.com
5	치후360(奇虎360)	360안첸웨이스(安全卫士)
6	소후(Sohu)	소후, 소거우(搜狗), 창요(畅游)
7	왕이(Netease)	왕이(163.com)
8	씨트립(Ctrip)	씨트립
9	웨이핀후이(Vip.com)	웨이핀후이, 러펑왕(乐蜂网)
10	쑤닝윈상그룹(苏宁云商集团)	쑤닝이거우(苏宁易购), PPTV

자료출처: '중국경제의 구조변화와 한국경제에 대한 시사점', KIEP (2016)

MEMO

제10과

会议

회의하기

会议

김과장 : **张秘书，我想复印一下这份材料。**
Zhāng mìshū, wǒ xiǎng fùyìn yíxià zhè fèn cáiliào.

장비서 : **我帮您复印，您要几份？**
Wǒ bāng nín fùyìn, nín yào jǐ fèn?

김과장 : **我要五份。**
Wǒ yào wǔ fèn.

장비서 : **给您。**
Gěi nín.

김과장 : **太感谢了。**
Tài gǎnxièle.

김과장 : **刚才的会议资料整理一下给我。**
Gāngcái de huìyì zīliào zhěnglǐ yíxià gěi wǒ.

장비서 : **用电子邮件发给您吗？**
Yòng diànzǐyóujiàn fā gěi nín ma?

김과장 : **好的。**
Hǎode.

본문 해석

김과장 : 장비서, 이 자료 좀 복사하려고 하는데요.

장비서 : 제가 대신 복사할게요. 몇 부 필요하세요?

김과장 : 다섯 부 필요합니다.

장비서 : 여기 있습니다.

김과장 : 정말 감사합니다.

김과장 : 방금 회의 자료 좀 정리해 줘요.

장비서 : 이메일로 보낼까요?

김과장 : 좋아요.

秘书	명	mìshū	비서
帮	동	bāng	돕다
复印	동	fùyìn	복사하다
份	양	fèn	부. 통. 권 (신문, 잡지, 문건 등을 세는 단위)
材料	명	cáiliào	자료. 재료
感谢	동	gǎnxiè	감사하다. 고맙게 여기다. 고맙다
刚才	명	gāngcái	방금. 막. 지금 막
会议	명	huìyì	회의
资料	명	zīliào	자료
整理	동	zhěnglǐ	정리하다
一下	양	yíxià	좀…하다
发	동	fā	발송하다. 보내다
电子邮件	명	diànzǐyóujiàn	이메일

전치사구보어 : 일부 전치사는 동사나 형용사 뒤에 쓸 수 있는데, 예를 들면 '在 zài, 到 dào, 给 gěi' 등의 전치사로 이루어진 전치사구는 동사 뒤에 출현하여 동작이 발생한 시간, 장소, 방향, 대상 등을 나타내는 보어로 쓰인다. 기본 격식은 다음과 같다.

S + V + '在/到/给' 전치사구

① 可以用电子邮件发给您吗?
Kěyǐ yòng diànzǐyóujiàn fā gěi nín ma?

② 他经常工作到晚上十二点。
Tā jīngcháng gōngzuò dào wǎnshàng shí'èr diǎn.

③ 他生长在北京。
Tā shēngzhǎng zài Běijīng.

④ 我打电话给老师。
Wǒ dǎ diànhuà gěi lǎoshī.

새로운 단어　□ 经常 jīngcháng 항상, 늘, 자주　□ 生长 shēngzhǎng 자라다, 성장하다

1. 다음 녹음을 듣고 괄호 안에 들어갈 중국어를 쓰시오.

김과장 : 张(　　　)，我想复印一下这份材料。

장비서 : 我帮您(　　　)，您要几份?

김과장 : 我要(　　　)。

장비서 : 给您。

김과장 : 太(　　　)了。

김과장 : 刚才的会议资料(　　　)一下给我。

장비서 : 用(　　　　)发给您吗?

김과장 : 好的。

2. 다음 그림을 보고 괄호 안에 적합한 어구를 쓰시오.

(1) 

A : 我要复印这份材料。

B : 你要____?

A : ____。

(2) 

A : 你们要什么?

B : 我们要咖啡。

A : 要____?

B : ____。

(3) 

A : 他们在干什么呢?

B : 他们________。

3. 주어진 어휘를 이용하여 한국어를 중국어로 옮기시오.

(1) e-mail로 나에게 보내라.

(电子邮件 / 我 / 给 / 用 / 发 / 吧)

➡ ____

(2) 그는 밤 12시까지 일한다.

(到 / 他 / 十二点 / 晚上 / 工作)

➡ ____

(3) 그녀는 북경에서 자란다.

(在 / 生长 / 北京 / 她)

➡ ____

(4) 나는 선생님께 전화한다.

(给 / 我 / 老师 / 电话 / 打)

➡ ____

물류 최적화의 7원칙(7R)

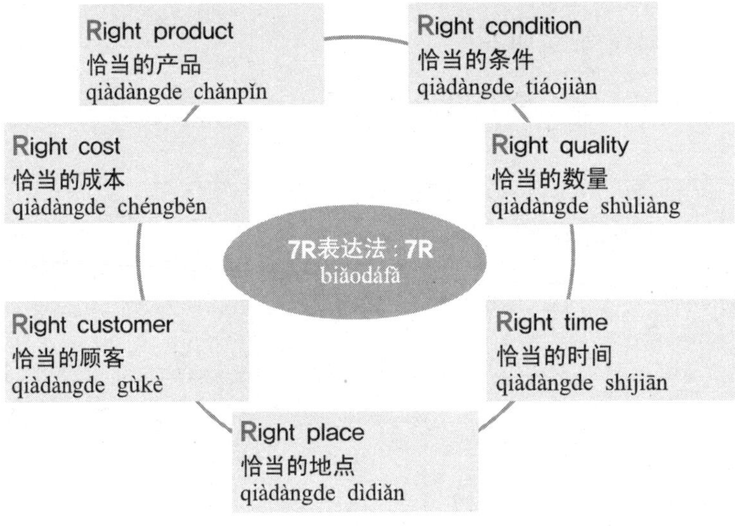

|그림| 물류최적화 7R

미국의 미시건(Michigan) 주립대학의 스미이키(E. W. Smykey) 교수가 제창한 물류관리 최적화 원칙이 바로 7R입니다. 물류의 7R 원칙이란 적절한 상품을(right commodity), 적절한 품질로(right quality), 적절한 양으로(right quantity), 적절한 시간에(right time), 적절한 장소로(right place), 적절한(좋은) 인상을 남기며(right impression), 적절한 가격으로(right price) 고객에 전달하는 것이 물류관리의 기본이라는 것입니다.

이상의 원칙은 특히 제3자물류(3PL)의 물류비용 감소를 위하여 필요한 원칙입니다. 중국은 제3자물류(3PL) 기업이 부족하고, 물류기업의 서비스 운영능력이 아직까지 수요 고객의 니즈를 충족시키지 못하고 있는 실정입니다. 향후 중국은 물류현장에서 7R 원칙을 준수함으로써 1) 리드타임(lead time)의 단축, 2) 물류품질의 향상, 3) 물류센터에서의 상품관리 레벨의 향상, 4) 사내 물류비용의 삭감, 5) 물동량 변화에 대한 유연한 대응 등, 현장 작업개선과 환경개선에 기여할 수 있을 것입니다.

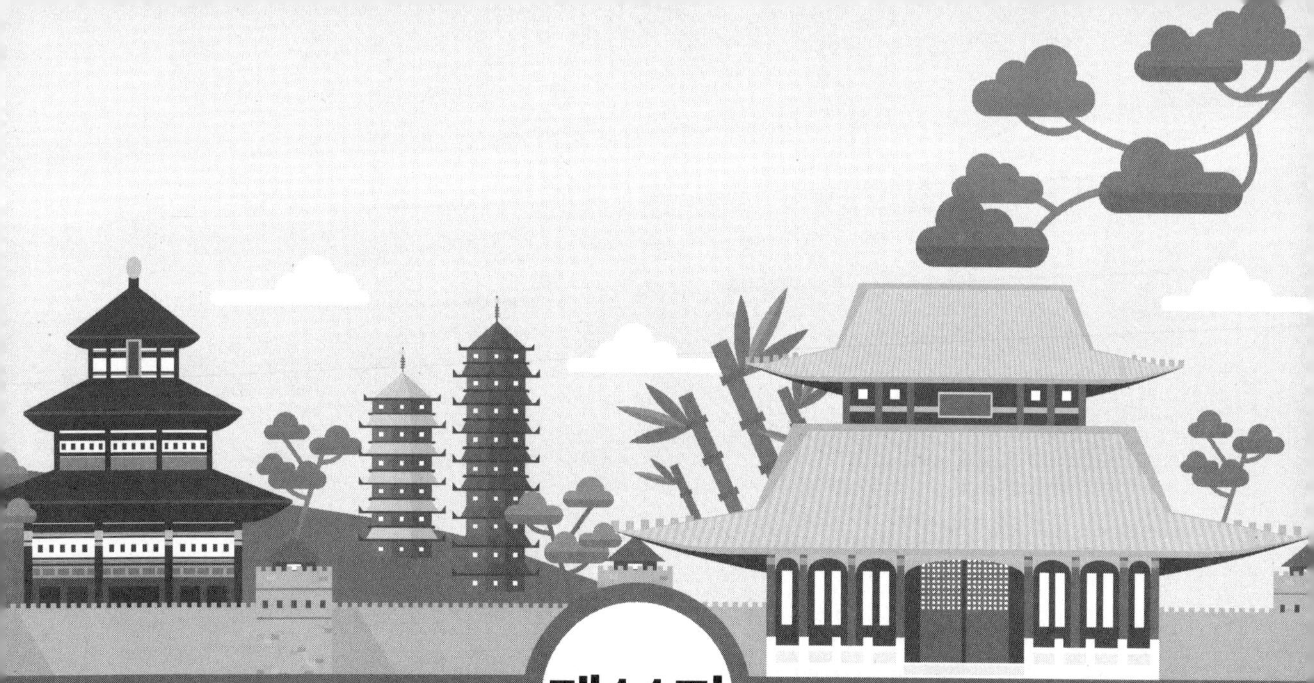

제11과

展台

전시회 견학

물류 노트 채찍효과, Bullwhip Effect

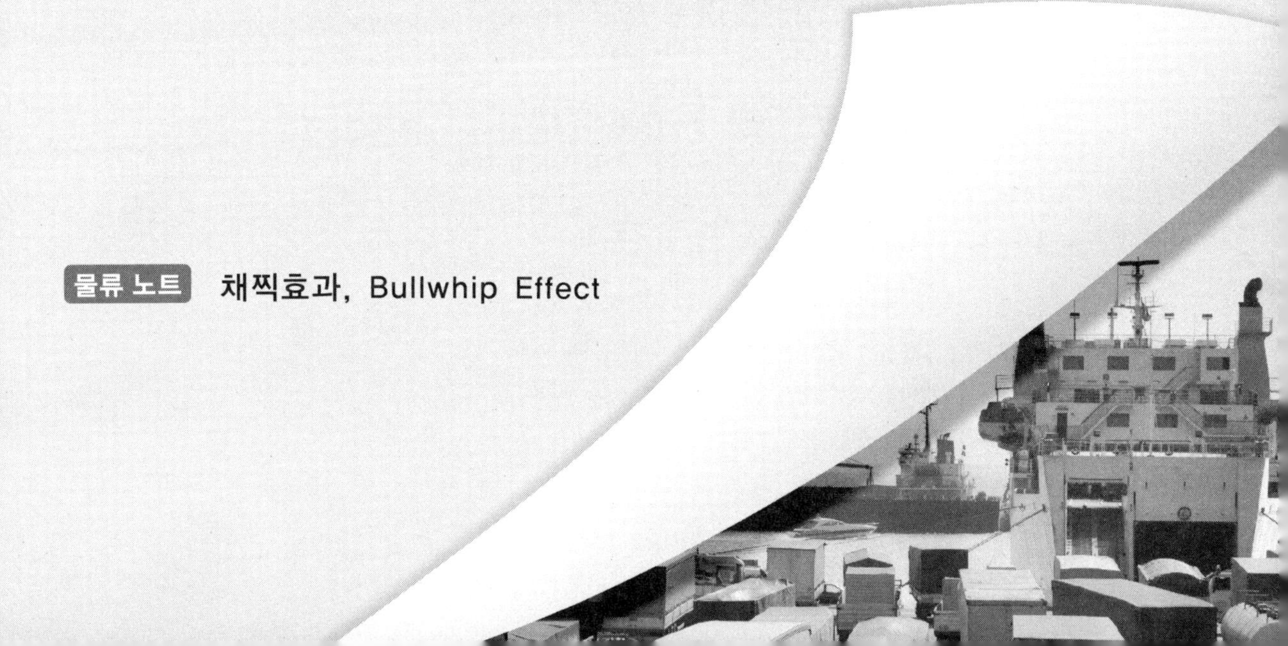

제**11**과

展台

영업직원 : **您好！欢迎参观我们的展台！**
Nín hǎo! Huānyíng cānguān wǒmen de zhǎntái!

김 과 장 : **您好！请问，你们公司是中国国营企业吗?**
Nín hǎo! Qǐngwèn, nǐmen gōngsī shì Zhōngguó guóyíng qǐyè ma?

영업직원 : **是的，这是我的名片和公司宣传画册。**
Shìde, zhè shì wǒ de míngpiàn hé gōngsī xuānchuánhuàcè.

김 과 장 : **谢谢！我对你们公司的产品很感兴趣。**
Xièxie! Wǒ duì nǐmen gōngsī de chǎnpǐn hěn gǎn xìngqu.

영업직원 : **您可以进来参观一下。**
Nín kěyǐ jìnlái cānguān yíxià.

这些产品都是我们的畅销货。
Zhè xiē chǎnpǐn dōu shì wǒmen de chàngxiāohuò.

김 과 장 : **这个产品单价多少?**
Zhè ge chǎnpǐn dānjià duōshao?

영업직원 : **100美元，人民币687块。**
Yìbǎi Měiyuán, Rénmínbì liùbǎibāshíqī kuài.

김 과 장 : **我打算购买两个样品。**
Wǒ dǎsuan gòumǎi liǎng ge yàngpǐn.

영업직원 : **请您填写样品订货单。**
Qǐng nín tiánxiě yàngpǐn dìnghuòdān.

对样品满意的话，请您跟我联系。
Duì yàngpǐn mǎnyì dehuà, qǐng nín gēn wǒ liánxì.

김 과 장 : 好的。谢谢你!
Hǎode.　Xièxie nǐ!

영업직원 : 不客气。
Búkèqi.

본문 해석

영업직원 : 안녕하세요! 우리 전시회에 참관하러 오신 걸 환영합니다.
김 과 장 : 안녕하세요! 당신 회사는 중국 국영기업입니까?
영업직원 : 그렇습니다. 이것은 제 명함과 회사 팜플릿입니다.
김 과 장 : 감사합니다. 저는 당신 회사의 상품에 관심이 많습니다.
영업직원 : 들어오셔서 참관하셔도 됩니다.
　　　　　 이 상품들이 모두 우리 회사의 인기상품입니다.
김 과 장 : 이 상품은 단가가 얼마입니까?
영업직원 : 100달러, 인민폐로 687위안입니다.
김 과 장 : 저는 두 개 샘플을 살 계획입니다.
영업직원 : 샘플 주문서를 작성해 주세요.
　　　　　 샘플에 만족하시면 저에게 연락주세요.
김 과 장 : 알겠습니다. 감사합니다.
영업직원 : 천만에요.

새로운 단어

展台	명	zhǎntái	전시대. 진열대
国营	형	guóyíng	국영의. 국가에서 경영하는
企业	명	qǐyè	기업
名片	명	míngpiàn	명함
宣传画册		xuānchuánhuàcè	팜플릿
产品	명	chǎnpǐn	생산품. 제품
对……感兴趣		duì……gǎn xìngqu	…에 대해 관심이 있다
参观	동	cānguān	(전람회, 공장, 명승고적 등을) 참관하다. 견학하다
些	양	xiē	조금. 약간. 몇
畅销货		chàngxiāohuò	인기 상품(hot item)
单价	명	dānjià	단가
美元	명	Měiyuán	미국 달러(dollar)
人民币	명	Rénmínbì	런민비. 인민폐(중국의 법정 화폐로, 元(yuán)을 기본 단위로 함)
购买	동	gòumǎi	사다. 구매(구입) 하다
样品	명	yàngpǐn	샘플. 견본
填写	동	tiánxiě	(일정한 양식에) 써 넣다. 기입하다
订货单		dìnghuòdān	주문서(order sheet)
满意	형	mǎnyì	만족하다. 만족스럽다. 흡족하다
联系	동	liánxì	연락하다. 연결하다

1 전치사 '对'(duì) : 사람, 사물, 행위 사이의 대응, 대처 관계를 나타낸다. 조동사나 부사 앞이나 뒤에 쓰일 수 있으며 의미는 동일하다.

① 他们都对我很好。
Tāmen dōu duì wǒ hěn hǎo.

他们对我都很好。
Tāmen duì wǒ dōu hěn hǎo.

② 大家都对这个问题很感兴趣。
Dàjiā dōu duì zhè ge wèntí hěn gǎn xìngqu.

大家对这个问题都很感兴趣。
Dàjiā duì zhè ge wèntí dōu hěn gǎn xìngqu.

2 부사 '都'(dōu) : '전부 총괄한다'는 의미를 나타낸다.

① 大家都同意。
Dàjiā dōu tóngyì.

② 这些东西我都喜欢。
Zhè xiē dōngxi wǒ dōu xǐhuan.

새로운 단어 □ 同意 tóngyì 동의하다   □ 喜欢 xǐhuan 좋아하다

1. 다음 녹음을 듣고 괄호 안에 들어갈 중국어를 쓰시오.

영업직원 : 您好! 欢迎参观我们的(   )!

김 과 장 : 您好! 请问, 你们公司是中国国营(   )吗?

영업직원 : 是的, 这是我的(   )和公司宣传画册。

김 과 장 : 谢谢! 我对你们公司的产品很(   )。

영업직원 : 您可以进来(   )一下。

这些产品都是我们的畅销货。

김 과 장 : 这个(   )单价多少?

영업직원 : 100美元, 人民币687块。

김 과 장 : 我打算(   )两个样品。

영업직원 : 请您(   )样品订货单。

对样品(   )的话, 请您跟我联系。

김 과 장 : 好的。谢谢你!

영업직원 : 不客气。

2. 다음 그림을 보고 괄호 안에 적합한 중국어를 쓰시오.

(1)

A：我对你们公司的产品很感兴趣。

B：这是＿＿＿＿＿＿＿＿＿＿＿＿＿＿＿＿＿

你对我们的产品满意的话, 请跟我联系。

(2)

A : 这个产品单价多少?

B : ________________________

(3)

A : 这个产品单价多少?

B : ________________________

(4)

A : 我打算购买两个样品。

B : 请您填写________________________

3. 주어진 어휘를 이용하여 한국어를 중국어로 옮기시오.

(1) 나에게 연락하십시오.

(您 / 我 / 跟 / 请 / 联系)

➡ ________________________

(2) 그들은 모두 나에게 잘한다.

(他们 / 我 / 对 / 很 / 都 / 好)

➡ ________________________

(3) 이 물건들은 내가 모두 좋아한다.

(都 / 些 / 这 / 我 / 喜欢 / 东西)

➡ ________________________

채찍효과, Bullwhip Effect

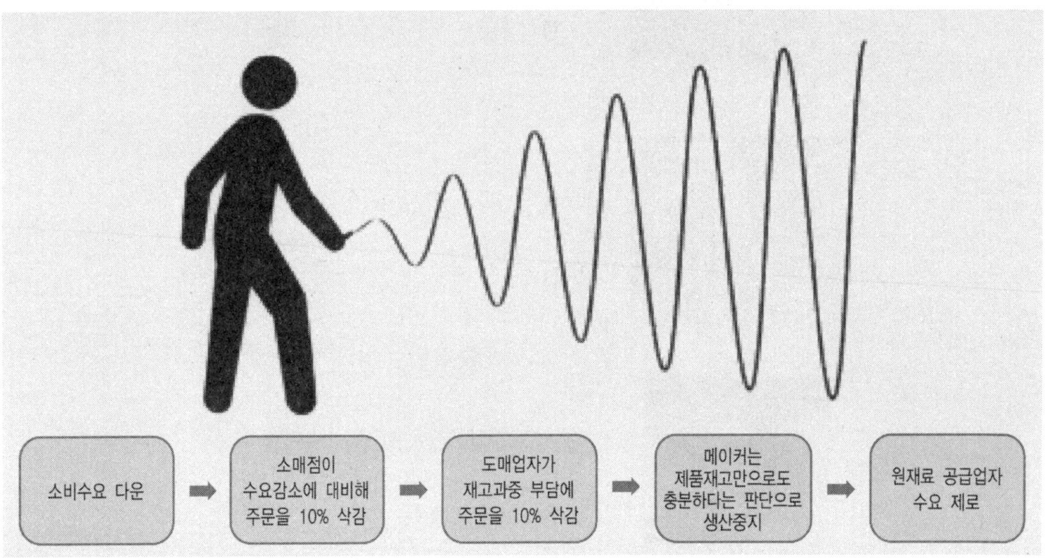

|그림| 'bullwhip effect' 예시

브라질 아마존의 작은 나비의 날갯짓이 미국 텍사스 주의 토네이도의 원인 될 수도 있다는 나비효과(butterfly effect)와 유사한 개념입니다. 물류의 흐름인 '소비자 → 소매업자 → 도매업자 → 제조업체 → 원자재 공급업체'로 이어지는 공급사슬망(Supply Chain)에 있어서 하류(소비자)에서의 작은 수요변동이 상류로 그 변동폭이 확대되어 수요의 왜곡현상이 심화될 수 있다는 것입니다.

특히, 원자재 생산국가나 제조업 위주의 수출국가는 최종 소비시장인 주요 선진국 경제에 비하여 더욱 큰 경기 변동성을 가질 수밖에 없는데, 채찍효과는 아직까지 세계의 공장으로서 큰 역할을 차지하는 중국에게 끊임없이 노출되어있는 위험요소라고 할 수 있습니다.

제12과

聚餐

회식

聚餐

왕사장 : **金科长，请坐这儿，你是今天的贵客。**
Jīn kēzhǎng, qǐng zuò zhèr, nǐ shì jīntiān de guìkè.

김과장 : **您太客气了。**
Nín tài kèqile.

왕사장 : **你喜欢吃什么，你随便点。**
Nǐ xǐhuān chī shénme, nǐ suíbiàn diǎn.

김과장 : **我什么都可以吃，请您帮我点菜吧。**
Wǒ shénme dōu kěyǐ chī, qǐng nín bāng wǒ diǎn cài ba.

왕사장 : **好吧。**
Hǎoba.

来一个糖醋里脊、一个京酱肉丝、一个北京烤鸭、
Lái yí ge tángcùlǐjǐ, yí ge jīngjiàngròusī, yí ge běijīngkǎoyā,

一个尖椒苦瓜和酸辣汤。
yí ge jiānjiāokǔguā hé suānlàtāng.

김과장 : **够了，够了。太多了咱们吃不了。**
Gòule, gòule. Tài duōle zánmen chībuliǎo.

왕사장 : **那先这些吧。**
Nà xiān zhè xiē ba.

听说，你的酒量很不错。
Tīngshuō, nǐ de jiǔliàng hěn búcuò.

김과장 : **您过奖了，我只能喝一点儿白酒。**
Nín guòjiǎngle, wǒ zhǐ néng hē yìdiǎnr báijiǔ.

왕사장 : **你喜欢中国的白酒还是啤酒？**
Nǐ xǐhuān Zhōngguó de báijiǔ háishì píjiǔ?

김과장 : **我觉得白酒更香。**
Wǒ juéde báijiǔ gèng xiāng.

왕사장 : **这儿的菜合你的胃口吗？**
Zhèr de cài hé nǐ de wèikǒu ma?

김과장 : **挺好吃的。**
Tǐng hǎochīde.

王经理，我敬您一杯，谢谢您的热情款待。
Wáng jīnglǐ, wǒ jìng nín yì bēi, xièxie nín de rèqíng kuǎndài.

왕사장 : **别客气。 来， 为我们的合作干杯!**
Bié kèqi. Lái, wèi wǒmen de hézuò gānbēi!

김과장 : **为我们的友谊和健康干杯!**
Wèi wǒmen de yǒuyì hé jiànkāng gānbēi!

왕사장 : 김과장, 여기 앉아요, 당신은 오늘의 귀빈입니다.
김과장 : 별말씀을 다 하십니다.
왕사장 : 무엇을 좋아해요? 마음대로 주문하세요.
김과장 : 저는 무엇이든지 다 잘 먹으니 대신 주문해 주세요
왕사장 : 알겠어요. 탕수육, 경장육사, 북경오리, 여주요리, 쏸라탕 주세요.
김과장 : 충분해요, 충분해. 너무 많으면 다 못 먹습니다.
왕사장 : 그럼 먼저 이것들만 할게요.
　　　　 듣자하니 당신 주량이 대단하다더군요.
김과장 : 과찬이십니다. 단지 백주를 조금 마실 수 있는 정도에요.
왕사장 : 중국 백주가 좋아요 아니면 맥주가 좋아요?
김과장 : 저는 백주가 훨씬 맛있다고 생각합니다.
왕사장 : 여기 음식은 당신 입맛에 맞습니까?
김과장 : 맛있습니다. 왕사장님, 제가 한 잔 올리겠습니다. 극진하게 대접해 주셔서 감사
　　　　 합니다.
왕사장 : 별말씀요. 자, 우리의 협력을 위해 건배합시다!
김과장 : 우리의 우정과 건강을 위해 건배!

새로운 단어

科长	명	kēzhǎng	과장
贵客	명	guìkè	귀빈. 귀한 손님
客气	동	kèqi	사양하다. 체면을 차리다
随便	부	suíbiàn	마음대로. 좋을 대로. 자유로이. 함부로. 제멋대로
点	동	diǎn	주문하다. 지정하다
菜	명	cài	음식
糖醋里脊		tángcùlǐjǐ	탕추리지(탕수육과 비슷한 요리)
京酱肉丝		jīngjiàngròusī	경장육사
北京烤鸭		běijīngkǎoyā	베이징 덕(Peking duck). 북경 구운오리
尖椒苦瓜		jiānjiāokǔguā	고추와 여주를 넣어 볶은 요리
酸辣汤		suānlàtāng	쏸라탕(시큼하고 매운 맛의 국)
和	접속	hé	…와/과
够	동	gòu	필요한 수량, 기준 등을 만족시키다
酒量	명	jiǔliàng	주량
不错	형	búcuò	좋다. 괜찮다. 맞다. 정확하다
过奖	동	guòjiǎng	과찬이십니다. 과분한 칭찬입니다

喝	동	hē	마시다
一点儿	양	yìdiǎnr	조금(불확정적인 수량)
白酒	명	báijiǔ	바이주. 백주
啤酒	명	píjiǔ	맥주
觉得	동	juéde	…라고 여기다. …라고 생각하다
更	부	gèng	더욱. 더. 훨씬. 한층 더
香	형	xiāng	향기롭다. (음식이) 맛있다. 맛이 좋다
合	동	hé	맞다. 어울리다. 부합하다
胃口	명	wèikǒu	입맛. 구미
挺	부	tíng	매우. 상당히. 대단히. 아주
好吃	형	hǎochī	맛있다. 맛나다
敬	동	jìng	(술, 음식, 담배, 차 따위를) 공손하게 올리다/바치다
杯	양	bēi	잔. 컵
热情	형	rèqíng	열정적이다. 친절하다
款待	동	kuǎndài	(잔치, 연회 등에 초대하여) 환대하다. 정성껏 대접하다
别	부	bié	…하지 마라
为	전치	wèi	…하기 위하여 (행위의 목적을 나타냄)
合作	동	hézuò	합작하다. 협력하다
干杯	동	gānbēi	건배하다. 잔을 비우다
友谊	명	yǒuyì	우의. 우정
健康	형 명	jiànkāng	건강하다/건강

1 의문대명사는 '의문'을 나타내는 데에 쓰인다. 그러나 어떤 때에는 의문문이 아닌 문장에 쓰여 '범칭'을 나타내기도 하는데, 기본 격식은 다음과 같다.

의문대명사 + 都/也 ……

① 我什么都可以吃。
Wǒ shénme dōu kěyǐ chī.

② 他哪儿都想去。
Tā nǎr dōu xiǎng qù.

③ 你什么时候都可以来找我。
Nǐ shénme shíhou dōu kěyǐ lái zhǎo wǒ.

새로운 단어　□ **什么时候** shénme shíhou 언제
　　　　　　　　□ **找** zhǎo 찾다

---

2 가능보어 : 가능보어란 동작의 결과나 상태의 변화가 출현할 수 있는지 없는지를 나타내는 것을 말한다. 가능보어에는 다음의 격식이 있다.

(1) 동사+得/不+결과보어/방향보어 : 동사와 결과보어나 방향보어 사이에 '得'나 '不'를 삽입하여 '~할 수 있다'나 '~할 수 없다'의 의미를 나타내는 것을 가능보어라고 한다.

① 电话打得通吗?
Diànhuà dǎdetōng ma?

② 你听得懂听不懂?
Nǐ tīngdedǒng tīngbudǒng?

□ **通** tōng 통하다　　　　□ **懂** dǒng 이해하다

(2) 동사+得/不+了(liǎo) : 동작이나 변화를 실현시킬 수 있는지 없는지를 나타내며, 주로 입말에 쓰인다. '得了'는 긍정식이고, '不了'는 부정식이다.

① 这几个菜我们都吃得了。
Zhè jǐ ge cài wǒmen dōu chīdeliǎo.

② 菜太多我吃不了。
Cài tài duō wǒ chībuliǎo.

3 전치사 '为' wèi : 동작의 수익자를 이끌어 내거나 원인, 목적을 나타낼 때 쓰이며 '~를 위해'의 의미를 나타낸다.

① 他为人民服务。
Tā wèi rénmín fúwù.

② 我很好，不用为我担心。
Wǒ hěn hǎo, búyòng wèi wǒ dānxīn.

□ **人民** rénmín 인민, 국민　　　□ **服务** fúwù 봉사하다, 서비스하다
□ **不用** búyòng ~할 필요가 없다　　□ **担心** dānxīn 걱정하다

1. 다음 녹음을 듣고 괄호 안에 들어갈 중국어를 쓰시오.

왕사장 : 金科长，请坐这儿，你是今天的(　　　)。

김과장 : 您太(　　　)了。

왕사장 : 你喜欢吃什么，你(　　　)点。

김과장 : 我什么都可以吃，请您帮我(　　　)吧。

왕사장 : 好吧。来一个糖醋里脊、一个京酱肉丝、一个北京烤鸭、一个尖椒苦瓜

　　　　　和酸辣汤。

김과장 : 够了，够了。太多了咱们吃不了。

왕사장 : 那先这些吧。

　　　　　听说，你的酒量很(　　　)。

김과장 : 您(　　　)了，我只能喝一点儿白酒。

왕사장 : 你喜欢中国的白酒(　　　)啤酒?

김과장 : 我觉得白酒更香。

왕사장 : 这儿的菜合你的(　　　)吗?

김과장 : 挺好吃的。

　　　　　王经理，我(　　　)您一杯，谢谢您的热情款待。

왕사장 : 别客气。来，为我们的(　　　)干杯!

김과장 : 为我们的友谊和(　　　)干杯!

2. 다음 예시와 같이 밑줄 친 가능보어의 긍정형식은 부정형식으로, 부정형식은 긍정형식으로 변환하시오.

> **예시** 我听得懂老师的话。 ➡ 我听不懂老师的话。
> 这些菜我们吃不了。 ➡ 这些菜我们吃得了。

(1) 电话打得通吗?　　　➡ ___________________________

(2) 那本书买得到。　　　➡ ___________________________

3. 주어진 어휘를 이용하여 한국어를 중국어로 옮기시오.

(1) 나는 무엇이든지 다 먹을 수 있다. (我/什么/都/可以/吃)

➡ ___________________________

(2) 그는 어디든지 다 가고 싶어 한다. (他/哪儿/都/想/去)

➡ ___________________________

(3) 너는 알아들을 수 있니? (你/听/得/懂/听/不/懂)

➡ ___________________________

양꼬치(羊肉串)엔 칭따오(青岛)

한국에서 가장 가까운 중국이라고 한다면 중국 청도를 들 수 있습니다. 맥주 박물관과 양꼬치로 알려진 청도는 얼마 전 모 코미디프로그램에서 유행시켰던 '양꼬치엔 칭따오'로 더욱더 유명해졌습니다. 청도는 산둥반도에 속해 한국에서 비행기로 불가 한 시간 정도밖에 걸리지 않는 인구 9백만에 육박하는 도시인데, 중국에는 이렇게 천만 도시 서울에 버금가는 인구를 가진 대도시가 즐비해 있습니다.

|표| 중국의 주요 대도시의 인구수

순위	도시명	병음	인구수	순위	도시명	병음	인구수
1	重庆	Chóngqìng	28,846,170	14	武汉	Wǔhàn	9,785,392
2	上海	Shànghǎi	23,019,148	15	邯郸	Hándān	9,174,679
3	北京	Běijīng	19,612,368	16	温州	Wēnzhōu	9,122,100
4	成都	Chéngdū	14,047,625	17	潍坊	Wéifāng	9,086,200
5	天津	Tiānjīn	12,937,954	18	周口	Zhōukǒu	8,953,172
6	广州	Guǎngzhōu	12,700,800	19	青岛	Qīngdǎo	8,715,100
7	保定	Bǎodìng	11,194,379	20	杭州	Hángzhōu	8,700,400
8	哈尔滨	Hā'ěrbīn	10,635,971	21	郑州	Zhèngzhōu	8,626,505
9	苏州	Sūzhōu	10,465,994	22	徐州	Xúzhōu	8,580,500
10	深圳	Shēnzhèn	10,357,938	23	西安	Xī'ān	8,467,837
11	南阳	Nányáng	10,263,006	24	菏泽	Hézé	8,287,800
12	石家庄	Shíjiāzhuāng	10,163,788	25	东莞	Dōngguǎn	8,220,937
13	临沂	Línyí	10,039,400	26	泉州	Quánzhōu	8,128,530

순위	도시명	병음	인구수	순위	도시명	병음	인구수
27	沈阳	Shěnyáng	8,106,171	36	衡阳	Héngyáng	7,141,462
28	诸城	Zhūchéng	8,081,900	37	沧州	Cāngzhōu	7,134,053
29	济宁	Jǐníng	8,081,900	38	福州	Fúzhōu	7,115,370
30	南京	Nánjīng	8,004,680	39	邢台	Xíngtái	7,104,114
31	长春	Chángchūn	7,677,089	40	邵阳	Shàoyáng	7,071,741
32	宁波	Níngbō	7,605,700	41	香港	Xiānggǎng	7,055,071
33	阜阳	Fùyáng	7,599,918	42	长沙	Chángshā	7,044,118
34	唐山	Tángshān	7,577,284	43	烟台	Yāntái	6,968,200
35	南通	Nántōng	7,282,835				

중국개황(2013, 외교부)

|그림| 청도 맥주박물관

|그림| 모 유명 주방장이 방문하여 유명세를 타고 있는 양꼬치 가게

제1과　点菜
（음식 주문하기）

1. (1) 来两份烤肉和两碗拌饭。
   (2) 来一份麻婆豆腐和两份饺子。
   (3) 来两瓶啤酒和两杯可乐。
   (4) 来一份京酱肉丝和一份馒头。

2. (1) 동사 / 我不要这本词典。
   (2) 조동사 / 我不想买这本词典。
   (3) 조동사 / 我不想看那部电影。
   (4) 동사 / 我不要机票。

3. (1) 这边请。请这边。
   (2) 请稍等。
   (3) 请快一点儿。
   (4) 请坐这儿吧。

4. (1) 我给你钱。
   (2) 学生问老师一个问题。
   (3) 老师教我们汉语。
   (4) 他告诉我一个消息。

(3) Q：多少钱
　　 A：两千五百块钱
(4) Q：多少钱一斤
　　 A：十二块两(二)毛五分一斤
(5) Q：多少钱
　　 A：一千二百二十块钱
(6) Q：多少钱
　　 A：两万五千块钱
(7) Q：多少钱
　　 A：二十二块五毛
(8) Q：多少钱一瓶
　　 A：四块

2. (1) A：多少钱?
　　 A：一共多少钱?
   (2) A：多少钱?
　　 A：一共多少钱?
   (3) A：多少钱?
　　 A：一共多少钱?
   (4) A：多少钱?
　　 A：一共多少钱?

제2과　多少钱?
（얼마입니까?）

1. (1) Q：多少钱
　　 A：一百五十块钱
   (2) Q：多少钱
　　 A：六十八块五毛

제3과　在火车站
（기차역에서）

1. (1) 你是韩国人还是中国人?
   (2) 你去还是他去?
   (3) 你喝咖啡还是喝茶?
   (4) 你同意还是不同意?

2. (1) 我去超市买水果。

(2) 他去图书馆看书。

(3) 我们一起去学生食堂吃饭吧。

(4) 她坐飞机去濟州岛。

3. (1) 现在两点。

(2) 已经半夜了。

(3) 一个小时。

(4) 半年了。

4. (1) 你坐快车来还是坐慢车来?

(2) 高铁又快又舒服。

(3) 从上海到北京坐高铁得多长时间?

제4과　　在邮局
(우체국에서)

1. (1) 老师把书放在桌子上了。

(2) 老师没把书放在桌子上。

(3) 你能把笔递给我吗?

(4) 我能把笔递给你。

(5) 他把电子邮件发给老师了。

(6) 他没把电子邮件发给老师。

2. (1) 您要寄特快专递(EMS)还是寄普通快递?

(2) 到首尔需要几天?

(3) 需要两三天, 可能会后天到达。

제5과　　交通工具
(교통수단)

1. (1) 他家离学校很远。

(2) 公司离机场很近。

(3) 现在离出发还有十分钟。

(4) 新年离圣诞节有五天。

2. (1) 不能

(2) 不可以 or 不能

3. (1) 坐出租车太贵了。

(2) 坐公共汽车的人太多了, 很麻烦。

(3) 骑自行车去公司很累。

제6과　　我能请假吗?
(휴가를 내도 됩니까?)

1. (1) 你把窗户打开吧。

(2) 妈妈把饭煮好了。

(3) 她把作业做完了。

(4) 他没把练习做完。

2. (1) 我没把手里的工作安排好。

(2) 爸爸没把窗户打开。

(3) 妈妈没把饭煮好。

(4) 她没把作业做完。

3. (1) 我有件事情跟您商量。

(2) 他没把请假条填好。

제7과　　在饭店
(호텔 체크인 & 체크아웃)

1. (1) 프런트: 您有预定吗?

　　　프런트: 您的护照!

　　　　　　 几天?

　　　프런트: 拿好。

(2) 김과장: 退房。

　　　프런트: 姓名和房间号码?

　　　김과장: 用信用卡支付

　　　프런트: 在这儿签名。

　　　　　　 欢迎您再次来我们饭店。

2. (1) 我在看书呢。

(2) 我在打电话呢。

(3) 他在想妈妈。

(4) 他们正在吃饭呢。

3. (1) 请给我看看您的护照!

(2) 可以用信用卡支付吗?

(3) 请您在这儿签名。

(4) 欢迎您再次来我们饭店。

1. 김과장: 张(zhāng), 从(cóng), 到(dào)

직　원: 出发(chūfā)

김과장: 航班(hángbān)

직　원: 起飞(qǐfēi)

김과장: 订(dìng)

직　원: 名字(míngzi), 护照(hùzhào)

직　원: 好(hǎo)

2. (1) A : 10月1号从仁川到青岛

A : 上午九点

A : 两张

(2) A : 11月11号从大连到香港

A : 下午两点

A : 四张

(3) A : 12月2号从香港到澳门

A : 中午十二点

B : 几张

(4) A : 2月22号从平泽港到烟台港

A : 下午三点

B : 几张

3. (1) 他给我一张票。

(2) 我问老师几个问题。

(3) 他送我一件礼物。

(4) 老师教我们汉语。

1. 김과장: 网上(wǎngshang)

장비서: 购物(gòuwù)

김과장: 网店(wǎngdiàn)

장비서: 账号(zhànghào)

장비서: 免费(miǎnfèi)

김과장: 注册(zhùcè)

장비서: 登陆(dēnglù)

2. (1) 我没买票。

(2) 我没吃饭。

(3) 他没买书。

(4) 她没注册好。

3. (1) 这个字怎么写?

(2) 你怎么没来?

1. 김과장: 秘书(mìshū)

장비서: 复印(fùyìn)

김과장: 五份(wǔ fèn)

김과장: 感谢(gǎnxiè)

김과장: (zhěnglǐ 整理)

장비서: 电子邮件(diànzǐyóujiàn)

2. (1) B : 几份

A : 两份

(2) A : 几杯

B : 一杯

(3) B : 正在会议呢

3. (1) 用电子邮件发给我吧!

(2) 他工作到晚上十二点。

(3) 她生长在北京。/ 她在北京生长。

(4) 我打电话给老师。/ 我给老师打电话。

제11과 展台

1. 영업직원: 展台(zhǎntái)

    김 과 장: 企业(qǐyè)

    영업직원: 名片(míngpiàn)

    김 과 장: 感兴趣(gǎn xìngqu)

    영업직원: 参观(cānguān)

    김 과 장: 产品(chǎnpǐn)

    김 과 장: 购买(gòumǎi)

    영업직원: 填写(tiánxiě)

            满意(mǎnyi)

2. (1) 我的名片和我们公司的宣传画册。

    (2) 二百(or 两百)美元, 人民币一千三百七
        十四块。

    (3) 五十美元, 人民币343块五毛。

    (4) 样品订货单。

3. (1) 请您跟我联系。

    (2) 他们对我都很好。or 他们都对我很好。

    (3) 这些东西我都喜欢。

제12과 聚餐

1. 왕사장: 贵客(guìkè)

    김과장: 客气(kèqi)

    왕사장: 随便(suíbiàn)

    김과장: 点菜(diǎn cài)

    왕사장: 不错(búcuò)

    김과장: 过奖(guòjiǎng)

    왕사장: 还是(háishi)

왕사장: 胃口(wèikǒu)

김과장: 敬(jìng)

왕사장: 合作(hézuò)

김과장: 健康(jiànkāng)

2. (1) 电话打不通吗?

    (2) 那本书买不到。

3. (1) 我什么都可以吃。

    (2) 他哪儿都想去。

    (3) 你听得懂听不懂?

저 자 약 력

이 준 서

1999년 고려대학교 일어일문학과를 졸업하고, 2006년에 일본의 고베대학[神户大学]에서 문화구조 전공으로 박사학위를 취득했다. 2013~2014년에는 미국의 RICE대학(Linguistics Department)에서 방문교수로 연구활동을 수행한 바 있다. 2017년부터 한국해운물류학회, 한국일본학회 이사를 맡고 있으며, 현재 성결대학교 동아시아물류학부 부교수로 재직 중이다. 최근에는 다중언어 '문화이미지프레임' 연구에 관심을 가지고 이와 관련된 연구 프로젝트를 적극적으로 수행하고 있다.

윤 유 정

1997년 숙명여자대학교 중어중문학과를 졸업하고, 2009년에 연세대학교 중어중문학과에서 현대중국어 어법으로 박사학위를 취득했으며, 2012년 북경사범대학[北京师范大学] 한어문화학원[汉语文化学院]에서 외국인 대상 중국어 교육[对外汉语教学]으로 또 하나의 박사학위를 취득했다. 2016년부터 중국어문학연구회에서 상임이사를 맡고 있으며, 현재 성결대학교 동아시아물류학부 조교수로 재직 중이다. 최근에는 인지·텍스트언어학 측면에서 현대중국어 어법을 연구하고, 교학 측면에서 한국인 학습자의 중국어 습득에 대해 연구하고 있다.

기초물류중국어 Ⅱ

초 판 인 쇄	2017년 08월 23일
초 판 발 행	2017년 08월 28일

저　　　자	이준서·윤유정
발 행 인	윤석현
발 행 처	제이앤씨
책 임 편 집	최인노
등 록 번 호	제7-220호

우 편 주 소	서울시 도봉구 우이천로 353 성주빌딩 3층
대 표 전 화	02) 992 / 3253
전　　　송	02) 991 / 1285
홈 페 이 지	http://jncbms.co.kr
전 자 우 편	jncbook@hanmail.net

ⓒ 이준서·윤유정, 2017. Printed in KOREA

ISBN 979-11-5917-077-5　　13720　　　　　　　　　　정가 12,000원